U0114692

林旭輝——社群美育人生

林旭輝　著

王丹媚　主筆

張志偉　監修

從社群美育到「走出黑盒」

認識林旭輝老師，要從 2021 年我和一批志同道合的朋友成立「凝聚民心」平台開始。當時，我與一批熱心社區的朋友希望可以做一點事，去修補香港社會的撕裂，並希望以軟性的方式去打動人心，凝聚民心。林老師是當時最熱心的發起人之一。充滿藝術細胞的他立即想到，以藝術表達的方式去將人與人之間的距離拉近。

之後，我們在三日內連續探訪了 100 多家劏房戶，見到了很多小朋友在床上做功課，腰也沒法伸直。林老師立時想起以藝術去喚起社會對這批劏房小朋友的關心，遂提議請他們把心中的願望畫出來，然後由他將這些小朋友的希望畫成大型壁畫。令我們最深刻的，是有小朋友形容自己住在一個黑盒當中。林老師將小朋友們的簡單圖畫用他超卓的藝術功底，在短短幾天內就畫成一幅足足有 2.5x8.5 米的大型壁畫，命名為《走出黑盒》，寓意這些劏房小朋友很快可以搬離劏房惡劣的環境，走出「黑盒」，有機會看到外面多姿多彩的世界。

當我看到這幅大型畫作時感到十分震撼，才真正明白社群藝術及社群美育的重要。透過一幅社群藝術傑作，連起過百個劏房小朋友的心，表達了他們的苦況與對未來的盼望，亦觸動了全社會的關心。這幅七彩繽紛、帶有印象派藝術色彩的畫作，令我充滿好奇心去學習林老師經常所講的「社群藝術」。原來在香港不同地方都充滿了林老師與他學員的畫作，包括街頭壁畫、樓梯畫及大型地畫創作。一塊爛地，經過了林老師的創作，變成一片富有生命力的海洋，成為了一家大小及年輕人的打卡熱

點，令苦悶的社區充滿生氣與動力！這就是社群藝術奇妙之處。

我深深愛上了這種社群美育，它令不可能的願望透過畫作表達出來。我自己不敢在藝術領域講得太多，但從一個社會角度去看，林老師能夠在香港這片三合土森林，將充滿活力的藝術帶入人群當中，為香港創作了很多有代表性的地標，真的獨創一格，難能可貴。如果沒有夢想，如果沒有對社會的愛，很難將「社群美育」推廣，因為社群藝術來自人群，它不曲高和寡，非常入世，令人身在其中，悠然自得，就像在真實世界一樣。

同時，我認為社群藝術能幫到香港人增加幸福感，提高開心指數，因為它能讓社會不同人群走在一起，去共同完成一件事，透過一支筆、一個夢想，每人一筆一劃，可劃出理想的社區、未來的世界，甚至感召年輕人在科幻與高科技發展的世界中，能從心底裏追求一種心靈美。

最值得我敬佩的是，林老師每時每刻沉醉在藝術當中，醉心於社群美育！他時常都像年輕人一樣跑跑跳跳，完全不像與他同齡的人，這也是社群藝術的巨大吸引力。它能使人年輕、開心、美麗，這種魄力及魅力，反映在他的工作效率與高質量、工作態度及對藝術那顆火熱的心中，真的絕非一般年輕人能及。

最後，我衷心祝願《林旭輝——社群美育人生》能夠為香港帶來更多社群藝術，林老師的社群美學能夠在藝術界、學界、商界以至政界受到高度重視，從政策及資源上加以支持與鼓勵，讓香港這城市在每個角落都能更美、更好，都能感受到這份充滿美感的氣息。

梁美芬

港區全國人大代表、香港立法會議員

恩師如燈塔，以生命照亮生命

2013 年，我很榮幸在柏麗灣的關愛中心，認識到正在義務培訓家長美育的林旭輝先生。共同的信仰和價值觀，令我們結下師徒緣份，我其後加入他成立的「靈美創意培育基金」慈善機構，服務本港至今十載；期間亦在內地不同城市齊心協力，以社群藝術實踐美育，遍地開花。

林老師資深的藝術造詣，開拓我的創作領域，每一個項目不僅富挑戰性，更能實踐美育真理。在他的影響下，我勇敢追逐夢想奔跑，前方的道路好像黎明的光，越來越明亮。星光不問趕路人，歲月不負有心人。每一步都在建立自我價值，釋放內在潛能，培養綜合實力，打破自我設限，將不可能變為可能。藝術的歷練能夠過濾生命雜質，孕育純潔心靈，昇華出品質之美，建立德行，關懷社會，達到以美育人、生命蛻變的果效。

感謝林老師的信任和指導，選我來撰寫他峰迴路轉的美育人生。我恍如穿梭時光回到 50 年代，見證他從呱呱落地的男嬰，經歷父母離異，15 次搬家，換 7 次學校，甚至住過豬欄，以雞糧充飢的落難童年；隨後因年少無知而誤入黑暗歧途，最後浪子回頭，重返天父懷抱，活出化腐朽為神奇的精彩藝術人生。

《林旭輝——社群美育人生》一書透過藝術，解讀林旭輝先生猶如彩蝶蛻變的生命歷程，以藝術表達了他的價值觀、美育觀和世界觀。他一生殷勤火熱，以誠信慷慨待人，終身謙遜學習，思

維敏捷睿智。他是一位具前瞻性，以藝術和科技跨領域推動文創產業的創意大師；一位在父親缺失的世代裏，積極推動家庭運動的好爸爸；一位活出孫中山僕人領袖精神，以社群藝術實踐中華美育的慈善教育家。

感謝恩師如同一座燈塔，以生命照亮生命。他的生命之光穿透黑暗的霧霾，在這世代開闢全新的航道，實踐人生抱負，活出使命感的人生。

王丹媚
靈美創意培育基金
創意總監

推動中華美育，任重道遠

「美學」一詞，來自18世紀。「美學之父」鮑姆加登（Baumgarten，1714-1762）與康德（Kant, 1724-1804）之研究，使美學從哲學獨立出來，成為一門研究美的學科，包括美的本質和特徵、美的形態和範疇。此外，德國美學家席勒（Friedrich Schiller）在《美育書簡》中首次提出了「審美教育」（Ästhetische Erziehung／Aesthetic Education）這個概念，極力主張通過美育，培養人的全面和諧發展。此書明確地把德、智、體、美四項教育並提，使「審美教育」具有了獨立的地位和任務。而中國近代偉大教育家蔡元培，則把這德文名詞翻譯成「美育」。

蔡元培曾經就讀的德國萊比錫大學，以教育學、藝術學及美學著稱。他留學之際，發現歐美諸國重視人的完全人格培育，包括美學和美育。早在1912年，蔡元培公開發表了《對於教育方針之意見》，旗幟鮮明地把美育列入教育方針中。他所說的美術教育並不僅是視覺藝術的繪畫、雕塑等，而是涵蓋所有的藝術，包括文學在內。受蔡元培的委託，魯迅積極在北京實施藝術教育，向社會推行美育。美育是美學的實踐，而蔡元培倡導和推行的美育，包括家庭美育、校園美育和社會美育。後來，孫中山支援他就任北京大學校長，實施美育改革。北大十年期間，蔡元培懷抱美育救國，以德樹人的志向，要求大學以藝術和科學並重，指出藝術能養成人有一種美的精神，純潔的人格。可惜，當時中國經歷日本侵華，內憂外患，美育一直未能推動。

直至 1999 年 3 月 5 日，時任總理朱鎔基先生在第九屆全國人民代表大會做的政府工作報告中提出：「大力推進素質教育，使學生德、智、體、美等方面全面發展」。第十八屆三中全會，國家對全面改進美育教學作出重要部署，國務院對加強學校美育提出明確要求，2015 年起全面加強和改進學校美育工作，到 2018 年取得突破性進展，2020 年初步形成大中小幼學校美育相互銜接，課堂教學和課外活動相互結合，普及教育與專業教育相互促進，學校美育和社會家庭美育相互聯繫，成為具有中國特色的現代化美育體系。

1997 年，我在加拿大居住期間接觸到美育，得知芬蘭是一個成功的美育大國，國民從幼兒開始就透過美育活動培養美感，建立品格及推動公民教育。芬蘭連續五年蟬聯世界幸福國家首位，美育推廣功不可沒。當我研究到美感心理和審美意識時，深受蔡元培的美育觀及實踐的影響，而且認為這百年前提出的美育觀很適合香港。因此，我於 2013 年成立「靈美創意培育基金」，希望透過社群藝術推動美育，在這十年的實踐經驗中，我相信在學校、社區及家庭同時透過社群藝術的互動來推動美育，有很大的助力。

這助力亦推動本人，在 70 高齡之時仍如年輕老人，全心全意撰寫本書，既為記錄自己過往種種藝術作為，也希望藉本書鼓勵社會上下共同推動美育，提升國民素質，任重道遠。

林旭輝

書於 2023 年夏

攝影：陳錦賢先生

神賜予每個凡人一支畫筆

1.

神賜予每個凡人一支畫筆,早已蘸上喜怒哀樂、悲歡離合多種色彩,到底最後會畫出什麼樣的畫作,還是由人去選擇。

我林旭輝生於 1952 年,家中排行第三,父母分別從內地南來香港組織家庭。可惜,父母緣份未圓,母親於我五歲那年帶著我們姐弟三人離開父親。礙於母親的嚴重抑鬱,一年搬家幾次是尋常不過的事,我直至中學二年級前已經搬了 15 次,其中住在新界屏山的一段日子,算是最艱難也最快樂的生活。那時物資貧乏,吃過雞糧充飢,只不過,即使生活多難捱,我也會自得其樂,動手做玩具,也拿起畫筆天馬行空。

記得當我入讀洪水橋柏雨中學的小學部三年級時,曾與在該校當校工、作書生打扮的「南海十三郎」擦身而過多次也不知。那時候,我在習作簿每一頁同一個位置的角落畫上相同的漫畫人物,每頁都有不同表情和動作,連續十多頁,只要快速翻頁,漫畫人物便會活動起來,同學看過了,甚覺有趣。原來一個人畫畫,可以帶給更多人歡樂。

藝術不僅讓我豐富自己的人生,也需要與世人一同分享。可惜,我曾辜負這個上天賦予我的使命。

在升上中學之後，我誤入歧途接近十年，加入黑社會，在舞廳收數、放高利貸，人生的色彩變成燈紅酒綠、黑白不分，更一度為逃離人禍，避走台灣。那段離鄉別井的日子像是調色盤打翻了，人生沒半點色彩。

獲上天的指引，我 24 歲那年回到自己成長的城市，藉著基督教信仰得到了救贖。重生之後，想起童年最為快樂的日子，那些繪畫的記憶不斷浮現，才發現那支人生彩筆從來沒離開自己。我決心告訴神，我的使命被我犯的過錯中斷了十多年，現在重新執筆作畫，貢獻社會。

2.

最初，我自學素描及水彩，日練 14 小時，以追回所失的時間。之後得到留學法國的畫家黃祥先生的悉心教導，我選擇了創作「新寫實主義」藝術，讓每幅畫作比照片呈現的真實還要更真實。亦因為喜歡攝影，我沉醉於黑房，鑽研幻燈片的人手修填技術，並應用於藝術及業務上，包括大受好評的《秋天的童話》電影海報。因為我的努力不懈，成為了東南亞幻燈片修填技術第一人，畫出彩虹，名成利就。

那時候，我發現藝術創作不限於筆、不限於媒體，對象亦不限於美術館參觀人士。藝術不應局限在美術館，需要走到外面世界，面對大眾。

90 年初，我站在世界藝術家最大的舞台——美國紐約市，體會到電腦與資訊高速公路的時代來臨了。我的藝術創作可以涉及數碼科技，並利用網絡技術走到地球的任何一個角落。於是，

我花盡心力和時間探索數碼藝術領域，並在 Adobe Photoshop
出現之前，使用工作站式電腦，創作並發表多幅作品。近年，
中國藝術界認同我這方面的藝術成就，譽我為「中國數字藝術
第一人」。

數碼藝術協助我走向世界，而歐美流行的「社群藝術」
（Community Art）鼓勵我身體力行，與大眾一起創造更多藝術
空間，跟社區、文化及時代對話。而且，藝術是神給人的禮物，
讓人發現美的元素，創造美的觀念，推己及人，世代傳承。

1990 年，我應邀加入香港基督徒藝術家團契「園泉」，1994 年
以團契副主席身份，協助梁以瑚及何慶基發起「藝術在醫院」
大型社群藝術計劃，把藝術融入醫院，至 1996 年完成大小壁畫
合共 186 幅。

3.

在事業與家庭關係兩忙的日子，我動極思靜，1995 年舉家移居
加拿大。之後，我擺脫勞累的工作生涯，潛心創作，放眼世界，
發現了一片與東方截然不同的天地。我了解到西方的自由教育，
明白香港教育制度對孩子成長的不足，從而奠定一套自己的美
育觀及價值觀。同時，我看到藝術創作中一個充滿危機及困局
的現況，經過深思探索，最後我決定以三個關係：「我與家」、
「我與國」、「我與天」的系列作品來表達心裏的體驗。

來到 2001 年，北京中央電視台播出文獻紀錄片《孫中山》，我
應邀為此紀錄片的香港版本創作了《孫中山》裝置藝術作品。
我用了七種不同媒介與風格的畫作來表達孫中山先生的一生，

再透過一張藤椅，帶出他的不折不撓和犧牲精神，把中國帶進一個自由、平等、博愛的大同世界。翌年，應邀參加台北市「國父紀念館」30週年館慶大展，並於會上發表演說，同時展出了《孫中山》裝置藝術作品，受到與會者讚賞。

2006年，我回到香港，出任馬灣「挪亞方舟博覽館」藝術顧問。這是我以基督徒藝術家身份執行的文化使命，令我的名字再次活躍於香港藝術界。2013年，為了推廣及實踐我提倡的美育觀和社群藝術，我與多位文化名人成立慈善機構「靈美創意培育基金」，將北美的經驗帶來香港，積極地在這長大的城市推動社群藝術。第一步從中小學校開始，逐步走向十八區，過萬個男女老幼參與了過百個的地畫、樓梯畫、壁畫和裝置藝術，這些隨處可見的藝術品為社區營造了藝術氣氛，身在其中的人自然受到感染，令更多人明白及了解藝術，同時提供了更多的表現空間給香港藝術家。

4.

2011年，我創作了一件《鯉魚報平安》社群互動裝置藝術，由我帶領九龍區中小學的同學創作了6,000多支我國傳統的鯉魚旗，於香港鯉魚門飄揚，以此祝願日本「三一一」大地震的災民平安，此愛心之舉打破了健力士世界紀錄。五年後，我的鯉魚旗裝置藝術再次飛躍，在深圳前海的鯉魚門區發放更大的愛心，香港、深圳兩地的中小學生合力製作了8,000支鯉魚旗，代表港深兩地合作無界限，攜手協進。

8,000支鯉魚旗飛揚，在內地的公共藝術界大放異彩，我因此得到各個單位的注意，邀請我在多個城市推行能表現當地文化的

社群藝術項目。有了這些重要邀請，我的腳步踏遍中國多個省市，帶動社群藝術遍地開花，歷來得到五萬人熱心參與，投入挖掘自己城市的文化和內涵，包括西安西北工業大學的《圓夢橋》裝置藝術、山西博愛學校的《掌上明珠》樓梯畫、四川成都的文化考察之旅、佛山石灣公園的全國首創 5D 地畫《陶樂石灣》、佛山文華公園的《我愛嶺南家》5D 地畫、廣州市動漫星城的《潮牛祝福世界》藝術裝置。因得大家敬重，尊稱我為「中國社群藝術先行者」。

5.

2021 年，我再次回到香港。此時此刻，年屆 70 的我飽經風浪，面對這百年一遇的疫情逆境，不止沒有灰心低沉，更深思我的社群藝術創作如何走下一步。結果，我決定以「當下」為題，呈現此時此地的社會現象，與梁美芬博士共同發起「凝聚民心」平台，帶領 100 個劏房戶兒童，合力創作大型壁畫《走出黑盒》，為沒有安居的弱勢社群發聲；把社群藝術帶入大型地產項目，讓 50 位香港藝術家的 101 件藝術品，進駐新鴻基的私人屋苑「NOVO LAND」，打造香港最大的藝術社區；亦配合元宇宙時代，成立了「區美元宇宙藝術博覽館」，協助香港藝術家將傳統作品進行數碼化，在區塊鏈發行數碼收藏品，讓更多人支持這藝術作品，永續於數碼世界，同時亦在不同的元宇宙空間呈現。

6.

現在，香港正在復原，我願意為她打氣，繼續貢獻我的天賦，日夜不息。我明白生命有限，但沒必要為人生定下界限。縱橫現實世界與數碼元宇宙，推廣社群藝術不再只限我個人體驗，

而是無限制地推廣出去，念念不忘，必有回響，這是我的選擇。我交給上天的人生畫作仍未完成，隨著歲月增長，色彩更豐，畫意無悔。因此，總希望把我的藝術人生分享給大家，了解藝術不僅描繪可見的世界，也探索不可見的世界。

回首前塵，由下一章開始。

自由野孩子

1952-1975

1952 年 11 月 2 日，香港誕生了一位眉清目秀的男嬰，瘦小的身軀卻異常活力充沛，那就是我，林旭輝。我在家中排行第三，上有大姐和大哥，父親以「旭日輝煌」為我取名，期望這個兒子通過自身的不懈努力，終有一天會燦爛輝煌。而我的一生便如這個名字一樣被祝福。我相信每一位被帶到人世間的嬰兒，都被賦予獨特的天份、個性和人生使命，你我的存在絕非偶然。可是，長大後的我卻在人生道路上偏行歧路，幸能有天迷途知返，繼而打破自我界限，擁抱幸福人生。在此與你分享我的生命故事，讓這道亮光給予你勇氣，尋回黑暗中遺失的夢想，傳遞一份溫暖、盼望和愛。

全家福，我於後排左三位置。

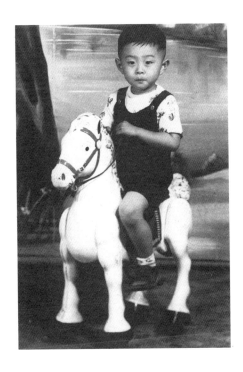

⊙ 我的父親母親

父親林守義出生在廣東汕頭市郊的琦山鄉馬西村，爺爺本是一名清貧的自耕農，家裏曾擁有一塊田地。但在一次風暴中，爺爺的家被吹破房頂，他因修房頂時不慎失足跌倒，傷重難癒，一年後逝世。父親當時才 12 歲就經歷喪父的悲痛。為了餬口，他被迫要代替有錢人家的孩子加入國民黨軍參加抗日戰爭。他堅毅挺過八年的槍桿子生活，並曾因奮勇救上司而升為排長。抗戰末期，他見盡軍中的腐敗和混亂，毅然離開軍隊。1946 年，他偷渡到英國殖民地香港與他母親陳耀娟重聚。奶奶陳耀娟在戰亂時，跟隨一家抽紗工廠的老闆到香港當女傭。而父親憑著好學的個性和毅力，靠自學翻新舊沙發謀取生計，一家在香港展開了新生活。

母親蔡悅香出生在潮州一個 14 兄弟姊妹的富裕大家庭，外公蔡烈章是汕頭有名的建築商和米商，為人慷慨樂助，時常接濟生活貧困的鄉親；大舅舅蔡甦是風光一時的上海話劇和電影編劇。母親是家中的次女，在抗戰期間家境不復當年，未能繼續唸高中求學，只能留在家中幫助外婆和照顧年幼的舅姨，成了家裏的大當家。後來為了幫補家計，她成為了一位護士。因為聽到閨中密友聊到未來婚姻生活，令她心動神馳。終於，在 1947 年 2 月 19 日，她懷著憧憬乘搭「海洋號」抵達香港。據說父母二人初次會面時頗有眼緣，男大當婚女大當嫁，便擇日閃婚，開始新婚生活。婚後貧中帶樂，期間他們共育有三名子女，大姐瑜潔、大哥旭昇和排行第三的我。

可惜，這段盲婚啞嫁的婚姻因雙方家庭背景懸殊，性格南轅北轍，經常發生衝突。當時，有一位那打素醫院的女護士租住進

父親林守義，行醫名稱「林仁」。

我的父親母親，後排由左至右，我、大姐瑜潔、哥哥旭昇。

23

我們家。當她聽到家父當兵期間曾跟隨一位廚子學習中國功夫和中醫，於是提議他到九龍中醫師公會學習中國醫術，考取中醫師的資格。力求上進的父親認為是個出人頭地的好機會，便接納她的建議，兩人共同學醫，學習期間經常在東頭村一帶贈醫施藥。媽媽見二人志趣相投，且終日不見家父蹤影，在新愁舊憾之下，她自知無法與丈夫白頭偕老，唯有寄情在照顧年幼子女之上。最終，這段婚姻只勉強維持了十年。

本是大家閨秀的母親才 20 幾歲就情感破裂，陷入痛苦的幽谷。幸好教堂的大門永遠為憂傷痛悔的人敞開。於是，她決定在我出生那年的 12 月 21 日，抱著僅六個月大的我參加在基督教九龍城潮人生命堂的嬰兒施洗儀式。仁慈智慧的天父不僅賜予和尊重人的自由意志，甚至把人為的錯誤和罪惡，都預先計算在祂的旨意當中，為祂所愛的人施行救恩，重塑破碎的生命，出黑暗入光明，擁抱幸福健康的人生。

⊙ 古靈精怪的我

我從小愛發白日夢，天馬行空，喜歡發掘新事物。自我懂事起，就喜歡動手做小玩具。每一個小玩具的誕生都給予我一份踏實的滿足感和快樂。「動手做」的天性除了與生俱來，更是受父母和生活環境的潛移默化。

據媽媽回憶，我兩歲半至四歲時，就喜歡動手自製小玩具，頗有父風。爸爸靠自學修理傢俬白手起家，家裏擺滿手工製作的工藝品，有鐵線編織的生果籃、蒼蠅拍和老鼠夾等。在耳聞目染的沉浸下，我喜歡模仿父親弄一些稀奇古怪的東西玩耍。當時，他送了我一支小木鎚，讓我釘釘錘錘。有一次，與一個小

夥伴玩耍時，因對方爭搶我當成寶貝的玩具，我竟頑皮地用小木鎚敲擊對方的腦袋瓜，他突然間哇哇大哭，把我嚇傻了，愣在一旁不知所措。最後，爸爸要付醫藥費才能息事寧人。自此之後，沒有小朋友敢與我玩。

由於爸爸終日繁忙，親子時間「清零」。缺乏玩伴的我每天睜開雙眼，就爬起床去把玩我的玩具。有時我會東搜西羅一些小零件，好像一隻嗅到美食的狗仔一樣。我記得我收集了一大堆細長的鐵線條，自創「獨門編織法」，用小手指緊捏著鐵絲，前後左右交叉不斷重複，製作「小輝版蒼蠅拍」，興奮地到處找蒼蠅狂拍。這些手工的玩具成為了我最親密的夥伴，每一件玩具，滿滿都是我童年的回憶。

當日後研究兒童教育心理學時，我發現父母的主要撫養行為是與子女玩遊戲，這能有效激活親子之間的關係，促進子女正向的心理發展；其次是誘發孩子對外部世界的好奇心，因為動手製作玩具的成功探索經驗，會讓孩童獲得自信心，勇於面對生活困境。兒時的「動手做」無形間建立了我的創意思維。忙碌的爸爸錯過我們童年關鍵的成長期，我的童年缺乏父愛，即使到成年後，與父親的關係也顯得格外疏離。

1957 年，我五歲，正是需要學習掌握生活觀念的關鍵期，可是卻面臨爸媽的離異。大我兩歲的哥哥旭昇對家庭感到迷惘和困惑，心生怨恨和沮喪的情緒。媽媽因無能力獨自撫養所有的孩子，便帶著大家姐離家出走，忍痛將年幼的我和哥哥交由忙碌的父親照顧。

我入讀元州街官立小學一年級時，父親終於進修成為一名掛牌中醫師，他在觀塘雞寮申請到兩間公屋，並租了一個舖位開設「仁慈堂藥行」。當時觀塘這個新區居住了很多生活貧困的新移民，他經常贈醫施藥，好名聲傳遍方圓百里，後來還在裕民坊開設「仁慈診所」，天天車水馬龍。雖然父親在工作上有著好名聲，但對我而言，他不是一位合格的「好爸爸」。

禍不單行的是，「單親家庭」和「陀螺式的轉學生涯」，像遊樂場天旋地轉的機械設施一樣開始轉動。我離開上了不到一個學期的官立小學，然後迅速被轉到觀塘遁道中學附屬小學繼續重新上一年級上學期。

那時，媽媽已帶著大家姐離家搬到九龍城潮平新村，自顧不暇的父親索性又將我和哥哥轉交給奶奶照顧，成為留守兒童。奶奶每晚讀《聖經》故事教我們感恩和做人處事的道理，我也懂

事地幫奶奶開飯、掃地和分擔家務。當時，「麗的呼聲」有線電台已開始了廣播，每當家中的小型收音機播出「天空小說」，我都會豎起小兜風耳聚精會神地聆聽，一邊聽一邊開始發「白日夢」，想像自己穿越到那個精彩的武林世界，得到武林盟主傳授出奇制勝的絕世神功，然後打敗天下無敵手。我沉浸在武俠世界裏傻笑，直至被賣「飛機欖」的小販的叫賣聲打斷——小販正拋擲一粒粒的飛機欖到住在唐樓的客人手中。飛機欖即是甘草欖，味道濃郁，是我記憶較深的兒時零食。

此外，父親與那位護士阿姨已組建新的家庭生兒育女。頓時，我感覺自己是寄人籬下的小孩。而且，我和哥哥都十分的想念媽媽，想找回一種「家」的親密感。每天，奶奶都會給我和哥哥每人一毫錢買麵包吃，我每次都儲蓄起自己的一毫，啃哥哥吃剩下的麵包邊。每逢週末不用上課，我就會把辛苦一週儲蓄的零用錢買兩張車票，和哥哥一起搭巴士去找媽媽。兩兄弟一人一毫坐二等客位，由觀塘乘車至太子道，再步行到九龍城的博愛村。每一次，媽媽都會站在村口等我們，遠處一見兩個小身影，手拖著手，一縱一跳的長途跋涉來探訪她。她會先帶我們去吃碗熱騰騰的魚蛋粉「醫肚」，然後共享天倫之樂。這樣的情景持續到 1958 年，我們決定搬去和媽媽同住，互相照顧，開始人生的第一次搬遷。

⊙ 心靈手巧的媽媽

離異後，媽媽帶著我們三兄弟姐妹相依為命，談何容易？雖然爸爸盡責任地補貼贍養費，但為了改善捉襟見肘的生活，媽媽便開始以針線謀生。她天生十指靈巧，對長衫縫紉和剪裁可謂高水準，這源於身為大家閨秀需自幼學習家傳的手藝。當時，

香港的製衣業尚在起步階段，很多製成品都是銷往海外，而本
地居民仍然喜歡量身訂造長衫，想不到媽媽連工廠用的衣服樣
版也能應付自如。當她在家中為人趕製西裙和旗袍時，我會坐
在她旁邊，安靜聽她講汕頭家族的故事，也會幫手釘鈕，同時
她也教我不同的無痕挑褲腳的方法。後來，位於尖沙咀的明成
公司請媽媽去車造童裝樣版，一家四口便從博愛村搬遷到尖沙
咀北京道，直到 1959 年。

⊙　無厘頭的漂泊生活

1959 年 4 月，媽媽決定搬遷到四舅父於聯合道家中的天井居住。
只因她不想大家姐瑜潔每日經過有「苦力」工作和歇息的碼頭，
即今日的海運大廈和海洋中心附近。四舅父在家中設廠做領帶生
意，平日媽媽幫助他縫領帶，我就乖乖地站在旁邊，搭把手將縫
好的領帶一條一條翻轉過來。那段日子，香港經歷了數個月的暴

風雨吹襲，我們居住的天井更是因豪雨而嚴重滲水，艱難地熬到
7月份，才無奈地舉家搬到三舅父位於衙前圍道的家去暫住，之
後又輾轉搬到獅子石道74號二樓。可想而知，我又要跟剛熟絡
的同學仔揮揮手說「拜拜」，這次是轉到東頭村浸信會小學繼續
上二年級上學期。我被迫適應這種無厘頭的漂泊生活，而每一次
搬屋，我都會警惕得像打了發條一樣，快速地幫助家人整裝待發。

所謂「樂天知命，故不憂」，幸好我天生樂天派個性，好奇心濃
烈，樂於發掘每個新地方的「潮流」玩意。我記得有一間叫「一
樂也」的涼茶舖，60年代初很流行點唱機，茶客可以一角點一
首歌，當年的流行粵語歌曲有《情花開》和《歌仔靚》。吸引我
的還有漫畫書，有許冠文的《財叔》，以抗日戰爭為主題。到
1962年，王澤繪畫的《老夫子》家傳戶曉，多以諷刺時弊和人
生百態為主，風行在六、七十年代；之後的《小流氓》（即《龍
虎門》前身）在七、八十年代大受年輕人歡迎。趣味性的漫畫
最吸引小孩子，給我無限的想像空間。

由於媽媽帶著我們三個小孩顛沛流離，委實吃力，爸爸就喚我們
回到福華街舊址居住，等舊址被政府清拆時便能分配到新的住
所。不久，叔叔林守德也搬進舊址居住，並接手爸爸的五金工廠，
而我又被轉到九龍城信義會小學讀二年級下學期。今次的搬遷並
未帶來期待中安穩的生活，先不談同一屋簷下各種生活小事上的
爭執，而是之後發生的天災和意外，讓我們無法平安地度日子。

首先，猛烈風暴「瑪麗」於當年6月份襲港，一家四口「蝸居」
在舊址的騎樓房，接近通往天台的台階和天窗，暴風竟然把整個
天窗吹走，害得我們狼狼不堪，心有餘悸。禍不單行，之後又險
遭遇火災。起火的主因是家裏設置了五金機器，長時間地開著焗

爐，加上雜物堆積成山，易釀火災。有一次，我們在家熟睡，我突然聞到燒焦的味道，趕緊喚醒媽媽。媽媽發現雜物燃燒起來，火焰正順勢蔓延，煙霧四起，驚惶中拖拉我們三個小孩奪門逃生。這次意外引起媽媽的極度不安，心理上過份焦慮家人的安全，變得難以負荷和出現抑鬱的症狀。終於捱到 1960 年 10 月，她不辭而別，帶著我們連夜折騰，逃難般地搬遷到新界屏山。

不斷地轉換學校，讓我無心向學，無辦法認識談得攏的朋友，學習成績一落千丈。但當我凝視屏山像世外桃源，一望無際綠葱葱的田野時，失落感和顛簸逃難般的心情，皆被美輪美奐的景色治癒了。回想過去，雖然媽媽上教堂，卻未有真正的從信仰中得到平安。或許離異帶給她的創傷和恐懼，駕馭了她的心思意念，讓她不停地轉換居所、工作、人際關係和教會，期望每一次改變，會解決生活困擾或填滿內心的空虛。她總是自我安慰，或許這次會不一樣。

⊙　自由野孩子

來到屏山，真正釋放了我自由探索的野孩子天性，點燃生活熱忱，但也是我落難經歷的另一個波折。首先，我整整停學了一年。在前半年裏，我們曾住過養過雞、白鴿和豬的木屋。這類屋子的特徵是用一塊疊一塊的木板釘成，屋頂則用防水的瀝青紙封貼在木板上。炎熱的夏天，猛烈的陽光會融化瀝青，一點一滴地滴在媽媽的衣車上。寒冷的冬天，風透過木板的縫隙吹進屋，颼颼作響。故此，這類簡陋的木屋是不適宜人居住的。家中清貧如洗的日子，媽媽無奈地用餵雞的飼料加水，煮成粥給我們充飢。在這種惡劣生活條件下，無形中激發了一個小孩的抗壓生存能力。

攝於洪水橋丹桂村林達農場

自媽媽不告而別,一夜間從舊址消失後,爸爸就四處打探我們的消息。當他好不容易找到新界屏山時,媽媽為躲避他,全家又搬到屏山附近的上璋圍居住。該圍村在 18 世紀末由坑頭村的鄧氏族人所建立,圍牆以青磚築起,圍內佈局整齊,房屋分排而建,門樓及神廳則位於中軸線上。一進村我們就切身地感受到古人的智慧:冬暖夏涼、採光充足、空間分配得宜。對美敏銳和觀察細膩的我,已迫不及待地迷戀上屏山這片渾然天成的古老建築。例如:鄧氏宗祠、愈喬二公祠、覲廷書室、楊侯古廟和聚星樓等文物。(直到 1993 年,港府正式設立屏山文物徑,上璋圍正好位於這條文物徑的旁邊。)

年少的我覺得恍若穿越到另一個新奇的世界裏。那時的屋子疏落分散,幾片魚塘和田野間坐落一幢房屋,像北歐悠閒的生活調調。位於上璋圍北面的聚星樓是我和哥哥時常出入玩耍的地方。它又名魁星塔,當地人稱之為文塔,是屏山的標誌。我細緻觀賞這座

已有 600 多年的歷史古塔，三層高，呈六角形，建基於一矮台之上，主要以青磚及麻石砌成，面對后海灣，頓時感覺十分壯觀。

我每天都在大自然中徜徉，喜歡看蔚藍天空中變幻多端的雲彩，有時會看到不同奇怪的動物形象出現；有時會聽大自然各種美妙的聲音；我也會與哥哥比賽誰最快跑到山坡上；玩得筋疲力倦，肚子餓的時候，就拔腿跑到鄰居家的田裏拔菜和找蓮藕吃。親近大自然是我最熱愛的課堂。那一年停學的日子，讓我浸泡在大自然之中自由玩樂，似乎彌補了所有童年失去的樂趣和治癒原來家庭帶來的心靈創傷。

爸爸幾經周折，終於又找到我們，隨後安頓我們在他朋友於洪水橋丹桂村的農場林達園。那裏正好有一間存放雞料的屋空置，就改裝成兩房一廳的房子，爸爸每月寄贍養費補貼生活費用。之後，我們在那裏生活了好幾年，那是我童年最安穩的快樂時光。家人安排我在附近的金陵中學附屬小學就讀三年級上學期。

心靈手巧的媽媽繼續以縫紉旗袍和長衫為業，為村民度身訂造衣服，放學後我也幫忙釘鈕和弄褲角。有一次，縫紉完長衫要收取酬勞時，媽媽心血來潮要以小雞和雞糧來代替薪金。於是，我和哥哥搭建了一間小雞屋養起雞仔來。之後，我們每天都能吃到新鮮雞蛋和雞肉，攝取足夠蛋白質和營養。回想起來，媽媽的每一個心思都牽掛著孩子，用心良苦，令兒女們心中充滿溫暖和感激之情。我在家的後院又搭了一座狗屋，養了一隻活潑可愛的小狗，成了我兒時的新玩伴。

與多年陪伴我的「老友記」狗狗說再見

⊙ 偶遇南海十三郎

轉眼間，哥哥要升中學，爸爸安排他讀當時的名校柏雨中學，
而我就隨哥哥轉讀該校的附屬小學，由三年級下學期讀到六年
級上學期，共三年的時間。這是我讀得最久的一間小學，趣事
多不勝數。柏雨附小每一年都會舉辦話劇和歌唱比賽，我曾參
加比賽選唱一首《媽媽好》，還得了冠軍。能用歌聲表達媽媽
不辭辛勞，撫養我們三個孩子，我心裏對媽媽充滿愛。而最讓
我印象深刻的是巧遇穿長衫、在學校當臨時校工的「南海十三
郎」。「南海十三郎」江譽鏐是位才華橫溢的一代粵劇宗師，既
是粵劇名伶薛覺先的金牌編劇，又是著名粵劇作家唐滌生的恩
師，卻在亂世硝煙下度過了跌宕起伏的坎坷一生。有一年，校
方請他為話劇點評，他直言不諱，明示學生需練好基本功和提
升編劇的素質，讓校方十分尷尬，他亦一怒之下拂袖而去。多
年後上演的《南海十三郎》舞台劇和電影，勾起我對往事的回

憶，傳聞他只在柏雨中學工作了一段短暫的日子，而年少的我
卻有幸與這位傳奇人物有過數面之緣。

⊙　「動手做」的歡樂

除了唱歌，我也喜歡畫畫。我曾無聊地在習作簿每一頁同一個位置
的角落畫上相同的漫畫人物，每頁都有不同表情和連貫上頁的小動
作，連續十多頁，只要快速翻頁，漫畫人物就會好像有了生命一
樣活躍跳動起來！同學們看得目瞪口呆，驚喜萬分，紛紛為我豎
起小拇指，更爭先恐後地搶畫本來玩，我也笑得捂著肚子。原來
一個人畫畫，可以把歡樂像糖果一樣撒給大家，獲得更多的歡笑
聲，我在一陣陣歡樂聲中埋下了夢想成為「藝術家」的種子。

放學後，我和哥哥會埋頭製作「林氏獨門殺手鐧」，一條能割斷普
通紙鳶線的「超級玻璃線」。這種格鬥玻璃線是利用廢棄的光管壓
碎磨成粉，加入魚膠粉再用火烘熔，最後塗在紙鳶綿線上。每當鄰

村的紙鳶冉冉上升到蔚藍色的天空時，我們就會得意洋洋地放出殺
手鋼紙鳶，與對方的紙鳶線進行拉扯格鬥，霎眼間其他的紙鳶線
就會一條又一條被割斷。我們兄弟倆簡直「稱霸」了整個天空！
那些斷線的紙鳶一隻隻像掙脫了枷鎖一般，自由自在的飄散遠方，
直至消失在傍晚映紅的天際。除了放紙鳶外，我與哥哥還會彈波
子，繞著一望無際的田野踏單車，以及在清澈的魚塘裏捉魚。那
種無法言喻的快樂，來自親近大自然，解放無憂無慮的天性。

⊙ 遇飛仔誤入歧途

哥哥旭昇升上柏雨中學時，認識了一個叫「大粒墨」的同學。
他天天向哥哥灌輸「披頭四」的文化，後來間接認識了一班到
處撩事鬥非的「飛仔」。爸爸透過朋友得知此事後怫然不悅，為
杜絕哥哥的不良朋友圈，他強烈要求我們搬回市區居住。

1966 年初，擁抱多年陪伴我的「老友記」狗狗，依依不捨地告
別了洪水橋，我們一家就搬回人煙稠密的觀塘仁愛圍居住，並
就讀慕光英文小學六年級下學期。在學業方面，新界柏雨附小
與九龍名校的學術程度有霄壤之別，我未能到達參加升中公開
考試的水平，唯有直接升上原校慕光中學。

升上中學的第一天，我抱著好奇的心情去到坐落於太子道與界
限街交界的慕光中學，很快就結識了阿光和阿明這兩兄弟。過
了幾天，他們就約我到位於呈祥道蝴蝶谷的家玩，這裏背靠九
華徑之山溪水澗，好像回到新界洪水橋一樣。他們也帶我見識
他們家於旺角開的瓊林舞廳。

60 年代中開始流行「披頭四」音樂及功夫電影，後者更把暴力

提升為一種英雄主義和美學,配上營造氣氛的刺激音樂,對青少年極有震撼力。因此,習武和「夾 Band」形成一種潮流時尚。15 歲的我正經歷青春叛逆期,性格外向且喜歡熱鬧,能自行縫紉襯衫和西褲,時常打扮得「有型有款」,跟隨朋友到尖沙咀的的士高,通宵達旦「開 Party」,有空就跟武打師傅練習白眉和詠春。學校的填鴨式教學,讓我對「死讀書」喪失了興趣,荒廢了學業,勉強讀了兩年,中二就輟學。

爸爸得知我從小喜歡跟媽媽剪裁做衣服,就介紹我到他朋友在裕民坊的「鴻福洋服」做補師半年,專門學做男性西裝,寄望能靠一門專業的手藝自力更生。轉眼間我已是一位俊朗的 18 歲青年,不甘心一輩子當個鞠躬盡瘁的裁縫,心高氣傲地想出人頭地,見識世界。於是,因光明兩兄弟的關係,我到瓊林舞廳做「睇場」及「收數」,後來還放高利貸給舞小姐,加入黑社會廝混,一張單純的白紙變成燈紅酒綠的人生。

1974 年 2 月，香港政府成立廉政公署，反貪污行動雷厲風行，連警隊內的「差人」聽聞「廉署請飲咖啡」都為之色變，很多黑社會幫派為暫避風頭，紛紛結束黃賭毒生意。為了餬口，我鋌而走險做「收數」過日子。大家姐瑜潔一直有為我脫離黑社會的事祈禱，她在一年前結婚並且移民到美國，計劃等她入籍後便申請我移民過去，在新的環境下「重新做人」。可惜事與願違，她在嬰兒出生後便身患頑疾，最後演變成為腦癌，束手無策，我移民去美國的「幻景」頓時泡沫破裂。

本想出人頭地，卻終日忐忑不安，如何能切斷與黑社會千絲萬縷的關係？在機緣巧合下，我避走台灣，與朋友到那邊做生意。本來期待在台灣走回正途，可惜又碰上那群黑暗中求生的「兄弟」，還用我的名義租地方開設非法賭檔。日子像熱鍋上的螞蟻團團轉，頓時感覺像被流放在荒野，兜兜轉轉，渾渾噩噩地虛度了七年的寶貴光陰。

藝術改變命運

1976-1984

正值錦瑟年華卻又是缺乏人生目標的迷失者，曾經努力掙扎想出人頭地，結果誤入歧途。好不容易逃出黑暗，卻又不知道「明天」該往哪裏走，只能過一天算一天，叫人難以忍受、無目的和無意義的生活，卻因為一次偶然，令這迷失者蛻變成擁有人生目標與理想的青年藝術家。

⊙ 不畏將來，不念過去

1976 年 4 月，在台灣經歷窮途末路，我身心疲憊，帶著困惑和憂慮回到香港。為避免再遇上黑幫分子，終日躲在牛頭角下邨944 室，沉浸在畫漫畫和素描的世界裏，苦惱將來以什麼謀生。對未來的恐懼和憂愁苦悶，侵蝕消磨我的意志力。父親拉我回到柴米油鹽醬醋茶的現實生活，勸我腳踏實地去報讀中醫，之後可以在他的中醫診所掛牌，他寄望傳授積年累月的臨床經驗給我。於是，我跟同父異母的妹妹妙潔報讀了中國醫學院，每星期上三次夜課。雖然我強迫自己認真學習，但是要以此做為終身職業，我始終缺乏原動力，深感前途迷茫，到處寫生素描消遣時間。一天，妹妹妙潔見昔日樂天的我愁眉苦臉，她關心我說：「哥，這個星期日我邀請你到小組團契，你有空嗎？」

這個「即時的邀請」彷彿是一種命中注定的蛻變。週末晚上我參加了教會團契，大家都熱情的接待我，更重逢了一位昔日循道小學一年級較談得攏的同學。我逐漸被這個新家庭的愛和彼此真心接納的氛圍融化，心中萌生一種久違的平安和喜樂，不禁又展開昔日的笑容。這些新朋友稱我為「弟兄」，猶記得早在 25 年前，在九龍城潮人生命堂，我是其中一個接受獻禮的嬰兒。

遠離信仰的生活讓我在曠野兜兜轉轉，現在像流離失所的浪子重返平安的天父家，驅散了籠罩人生道路的迷霧，走出憂慮的陰影。更不可思議的是，我奇蹟似地棄絕「講粗口」，戒掉煙酒和賭博等陋習，好像剪除了我身上的腐爛枝子一樣。舊的生命枯萎凋謝，新的生命正在孕育。那種感受猶如一股充滿力量的泉源從我的內心深處湧出，滋潤乾燥的荒野，沖洗一切的污穢。

我的人生觀和價值觀都被震撼性地調整。真理讓我的思維蛻變，我是有價值的人，我來到這世界不是偶然的意外，我要發掘個人的特色、與生俱來的天份、興趣、才能、熱忱、個性和人生經驗。我的存在是為了一項特別的人生使命，讓有限的生命活出無限的可能性！

一條全新的人生賽道正在為我開啟，因為祂賜給我一支畫筆和彩色的調色盤 。

⊙　全新的人生賽道

1977 年，我按著對繪畫的濃厚興趣，報讀了中文大學校外油畫和水彩畫課程，恰巧結識了影響我一生的恩師黃祥先生。他在 1961 年赴法國深造藝術，就讀法國國家藝術學院，年少時師從畫壇北斗鄺耀鼎（香港首批赴意大利深造的西洋畫大師）及鮑少游（嶺南派大師）習畫；在法國留學時，師承當時法國抽象派最具代表性的大師 Henri Goetz 門下學藝。

為了追回以往所浪費的光陰，我日練 14 小時，充滿熱情專注在每一幅圖畫上。揮動手中的畫筆，越練習就越熟練。黃祥老師似乎被我這種如飢似渴的熱情感染，便邀請我到他靠近嘉道理

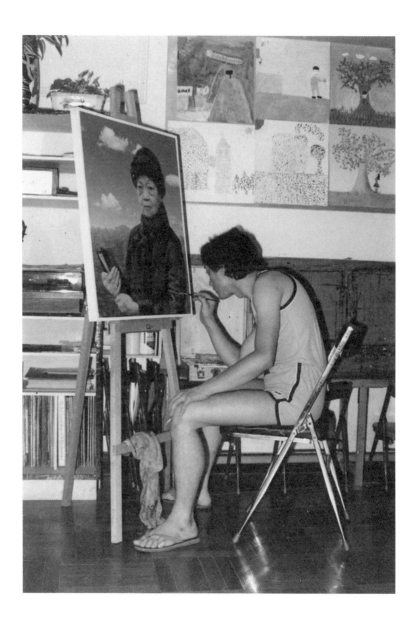

道的一間充滿法國色彩的畫室，繼續鑽研畫藝。他的畫室以法文「L'atelier 341」命名，我每星期共有五個下午都在他的畫室專注創作，享受得來不易且平靜安穩的時光。

我感受到內在的熱情正驅使我追求多樣化的藝術表達媒介，我日復一日的專注學習，三年內已掌握不同的媒介，包括油畫、水彩畫、銅版畫、雕塑、木刻和裝置藝術等等。另外，由於我從小學做洋服，當黃祥老師參與舞台設計項目時，他便讓我做他的助理，縫紉製作舞台劇服裝。

⊙　成為藝術家的途徑

黃祥老師因材施教，啟發潛行式的教學，讓我在技術及理論層面上都進步神速。印象最深刻的是他對我說：「要成為一位藝術家不是你飽讀多少詩書，而是在不斷創作的過程中，反覆思考下一幅作品如何發展和突破上一幅的界限，久而久之你創作的『作品』就成為你的老師，給予新的可能性。」

「L'atelier 341」臥虎藏龍，聚集了很多熱愛藝術的同學，例如有霍達超（後來成為首位將默劇引入香港的藝術教授）、盧重俊（後來成為一位知名的非洲藝術文化研究專家及收藏家）等。畫室平日除了繪畫的同學，經常會有留洋的藝術家到訪，他們的話題圍繞著當時 80 年代西方最前衛的藝術理念和發展方向，如達達藝術和新寫實主義等。我也品著香氣撲鼻的咖啡，豎起雙耳認真的聆聽。恩師經常會翻閱當代藝術作品的畫冊，鼓勵我們去探討作品，大家都熱衷各抒己見。在濃厚的藝術氣氛下，讓我自發性地研讀了大量的藝術理論、哲學美學、西方藝術史和藝術教育理論等，擴展了我狹窄的思維和眼界，同時也奠定「終身學習」的沉浸式自學模式。

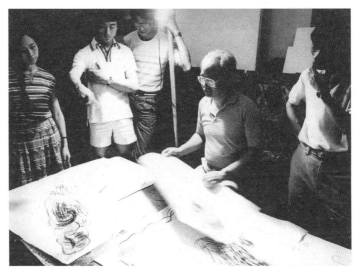

黃祥老師因材施教，啟發潛行式的教學。

那是一段快樂又淨化心靈的學習時光，感覺自己像樹枝上長出的新嫩芽，朝氣蓬勃。此時，我的世界彷彿被一下子打開了很多扇窗，窗外是一望無際綠油油的草原，清風輕拂著歐陸式的蕾絲窗簾，從高角度往下看的木桌上有香噴噴剛烤好鬆軟的法式麵包、果醬、牛油、咖啡和裝在玻璃瓶的新鮮牛奶等；還有翻開的一本改變生命智慧的書。我把這幅內心的憧憬以油畫描繪出來，命名為《我的早餐》。這幅油畫作品入選 1981 年「當代香港藝術雙年展」，作品還被刊登於畫冊上，也開始了我「新寫實主義」的繪畫風格。

我的早餐 | 1981 年 | 61 x 76cm

⊙ 何謂「新寫實主義」

「新寫實主義」源於 18 世紀的寫實主義。寫實主義是以高度仿
真的技法見稱,又稱「再現藝術」,是一種實踐摹仿的藝術理論。
古希臘藝術寫實觀的代表哲學家柏拉圖和亞里士多德,均認為

藝術來自仿摹自然界。但新寫實主義卻要與早期歐洲的學院派寫實主義劃清鴻溝。

新寫實主義屬於 20 世紀的前衛藝術，有些人也會稱為攝影寫實主義。從社會學的角度，它是扎根於當今這個商品化、庸俗化及功利化的社會，但它的態度卻是尖銳且反叛，它的視野是透過冷靜和客觀的角度去反映現今這個社會，就如一面現世的照妖鏡，讓人正視當今社會上不堪入目的醜陋惡影。

如果從哲學的層面去探討新寫實主義，大家就會問：什麼才是真正客觀的「寫實」？一個有情感的人是不可能做到絕對的描繪真實，因為眼球的觀察、記憶的聯想及判斷的限制都會影響描繪的客觀性，所以要借助客觀的照相機或其他工具，才能重現真實。新寫實主義藝術家追求的是真正客觀的寫實，同時追求以冷靜客觀的角度去重現今日的世界。所以，新寫實主義是屬於觀念藝術。70 年代是美國的攝影寫實的鼎盛時期，可是後來的美國評論家們逐漸抨擊以攝影寫實作品，認為只是將相片上的影像機械性地複製到畫布上，缺乏思想性、社會性意義、情感，以及個性的表現。

正當《我的早餐》入選 1981 年的當代香港藝術雙年展，我心情特別爽朗，突然看到一位畫評家在報章上對我的作品作出善意的批評。他很高興看到《我的早餐》這幅作品有著非常嚴謹的構圖及畫面佈局，卻未能冷眼觀察和尖銳諷諭，只能說是一幅浪漫的寫實主義藝術作品，但未能符合「新寫實主義」的創作理念與美學觀。對一個熱切追求藝術的青年藝術家，這段藝評成為了一個巨大的反覆思考引擎——如何才能透過一個客觀又冷靜的批判性藝術作品去呈現我的世界觀？

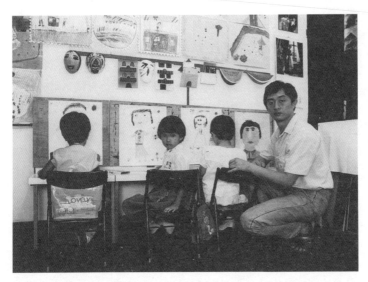

⊙ 我的新寫實主義作品

・我的鋼琴

我當初參加團契時，認識了一位負責司琴的鋼琴老師吳佩珠，
她彈琴時長髮飄飄，我被她安靜溫柔的氣質吸引。她熱愛古典
音樂，我時常主動與她聊關於音樂方面的話題，直到有一次相
約到大會堂聽音樂，開始了正式的約會，她後來成為了我未婚
妻。1980 年，我和她在觀塘月華街成立「音樂美術之家」，她
教授鋼琴，我則教授兒童畫。每天當我凝視她在彈奏鋼琴時，
所有旋律在我的想像空間裏甦醒過來。彈奏的人為鋼琴帶來生
命，聆聽的人陶醉在美好的生活裏，我便想瞬間「凝固」這種
生活姿采。因此，1980 年的《我的鋼琴》成為了我首幅「新寫
實主義」的作品。

我的鋼琴 | 1980 年 | 61 x 76cm

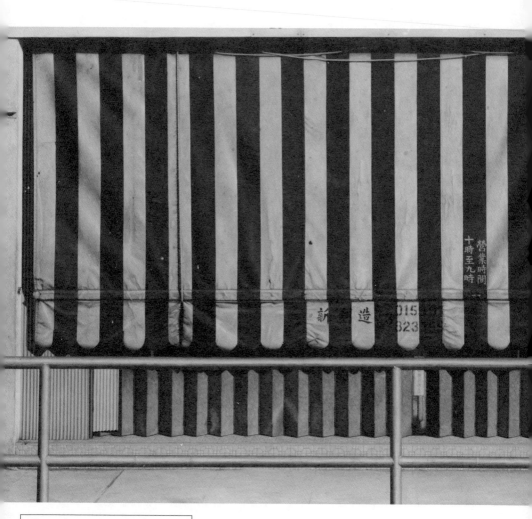

星期日休息 ｜ 1983 年 ｜ 102 x152cm

・星期日休息

1982 年某個星期日的下午，我途經播道醫院旁的富寧街。突然看見一間店舖，店面垂下一塊綠白相間直線條紋的遮陽篷，樸實的帆布被日照和微風吹動，呈現出微妙明暗所產生的概念空間；在乾淨俐落的垂直線條構成的鐵閘門前掛著一塊門牌：「星期日休息」。此驚鴻一瞥，就瞬間觸動了藝術的靈性之源。我嘗試以「極簡主義」冷靜和理性的美學態度，透過新寫實主義的手法，捕捉這種日常生活中簡約的「線條與空間」造型的純粹美感。整個畫面佈滿了代表肯定的粗、幼、長、短的垂直線，我還加上前面一組橫置的欄杆來豐富整個畫面，橫線代表穩重，直線代表肯定，暗喻店舖東主對於創建生活秩序的渴望。（近年科學家發現一種「七節律」，即人體內的生理時鐘，會在七天內由旺到衰的自然生理現象。）《星期日休息》此幅作品入選 1983 年「當代香港藝術雙年展」，被刊登於畫冊上。

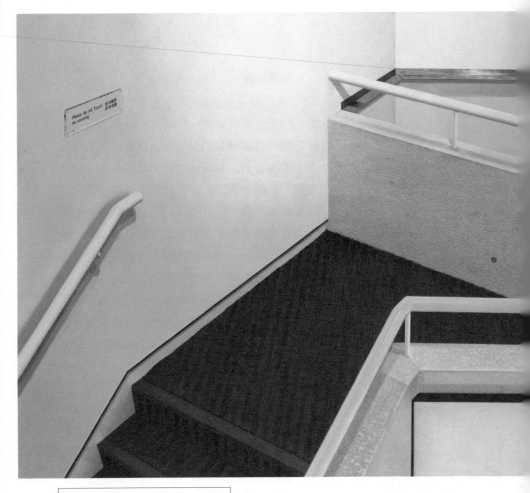

午間的階梯 | 1984 年 | 137 x183cm

‧午間的階梯

1984 年 6 月，香港藝術中心與澳門賈梅士博物院合辦一個名為
「香港寫實主義與攝影寫實主義繪畫」的展覽，我被邀請參與展
出。80 年代，香港藝術中心是香港前衛藝術的象徵，當今世界
級的華裔藝術家徐冰和谷文達等人都曾經在這裏展覽，我更是
經常在這裏流連忘返。這年初，我希望為今次展出創作一幅能
夠反映藝術中心的作品，雖然我對這裏有一份熾熱滾燙的情感，

但我卻想採取一種相對「冷靜客觀」的態度,去思考如何探索藝術中心的存在。香港寸金尺土,藝術中心也相對狹窄,就在連接四樓與五樓的展廳,有一條非常繁忙的樓梯。我分析如何讓「觀看者」對這條樓梯產生「雙重空間體驗,雙重視覺刺激」效果,從而強化視覺記憶。我透過三組不同材質的 L 形線條來呼應三組白色的樓梯扶手,去營造三個不同的空間,包括四樓展廳、五樓展覽和這段階梯。我把《午間的階梯》這幅畫作掛在五樓展覽廳靠近階梯的空間,觀者們在觀賞這幅作品時,驀然回首的一刻,會驚奇地發現他們正置身在「真實的空間」與「畫作的空間」之間,刺激他們去反思藝術中心與他們的存在,以及藝術家創作的動機、意義和價值觀。從那個展覽開始,我被肯定為新寫實主義藝術家,至今香港也只有我堅持到現在。

我曾多次在藝術中心包兆龍畫廊這個四樓與五樓之間的展覽空間展出作品

·結構香港

早在 1982 年 9 月，時任英國首相戴卓爾夫人訪問北京的「世紀一跌」，見證著香港回歸中國的事實。而在香港土生土長的我，人生的幾次蛻變都親歷著香港歷史性的演變，一幕幕的重頭戲都在這個中西文化薈萃的大都市上演。我想透過作品建構當下港人眼中理想的「香港」。為了創作《結構香港》這作品，我穿梭在香港不同街道，拍攝了數百張的竹棚及玻璃幕牆照片，研究它的複雜搭建結構。再根據精選的相片，做結構的組合與調整，最後運用新寫實主義手法將之繪製在畫布上。

有學者分析，竹棚要搭在竹節上，竹棚隨著竹節自由地構建，而這種柔韌和可塑性結構，就像中國「中庸和諧」的儒家文化，靈活地解決各種社會、政治、生活文化的問題。玻璃幕牆是西方現代建築：西方建築那規律式的結構，強調有計劃性以及法治精神，正好反映出西方的思想與文化。

我透過不經意的竹棚搭建與玻璃幕牆規律結構，形成強烈對比。線條的比對與組合代表了東西方文化，也反映出思想上的差異，但同時像自由與法制一樣，和諧及協調地在香港並存。1992 年香港藝術館開幕，我應邀參加「城市變奏」香港藝術家西方媒介近作展，作品《結構香港》還被刊登於教育小冊上。

結構香港 ｜ 1982 年 ｜ 137 x183cm

色彩香港 | 1989 年 | 137 x183cm

．色彩香港

黃金時代的香港，在我眼裏極具傳奇「色彩」，身為這個時代的藝術家，我決定以我心中的醉人「色彩」去「凍結」這一個歷史性的輝煌時刻。不單止是讚嘆維多利亞港享譽世界的迷人天際線，更是見證著香港如何由昔日的小漁村蛻變成為今日的國際大都會。翠綠山巒環抱摩天高樓，湛藍海港、頻繁穿梭其中的渡海小輪等，是港人眼中星光璀璨的瑰寶。我運用寫實技法，以浪漫的美學風格為這風景如畫的香江，描繪上華麗的彩妝，去展示這顆「東方之珠」醉人魅力！

中國數字藝術
先行者

1990-1995

1984 年 7 月，我與吳佩珠結婚，並且在北角和富中心重新開設
「音樂美術之家」。夫婦倆除了教授鋼琴和兒童畫外，我憑著紮
實的寫實繪畫技術接到廣告插圖的工作。80 年代的香港正處於
黃金時代，在廣告、設計、電影、電視和音樂等文創產業都處
於亞太區領先地位。

⊙　擴張藝術境界

在創作及反思的過程中，除了新寫實主義作品外，我還不斷探
索新的媒介，在 1981 至 1984 年期間嘗試了粉彩、水彩、素描、
版畫（絲印、木版、銅版等）、雕塑、攝影黑房技術等等的創作。
在創作過程中，我像科研專家一樣不斷實驗反思和實踐探索，
不僅磨去生命中銳利的稜角，更鍛煉出堅耐專注、鍥而不捨的
品格。美學觀、哲學觀和人生觀為我塑造一種全新的思維方式，
轉動人生的方向盤，駛入一條全新的賽道，思想產生力量，驅
動了心內的一級方程式賽車，向著冠軍的終點線直跑，實現理
想和抱負。

囍 | 1995 年 | 53 x 70cm

一九八一年與恩師黃祥到洛陽遊學，我被開封府側門對面這簡樸房屋吸引而創作首幅水彩作品。

追溯至 1982 年初，我認識了「I Do」婚紗店的老闆黃少凌先生。由於對攝影志趣相投，加上為了精進新寫實繪畫的技術，我便向他學習攝影和黑房的技術。他給我介紹一本名為《American Show Case》的攝影雜誌，書中介紹了美國一門嶄新的技術叫「幻燈片修填」（Transparency-Retouching），即是在拍攝好的幻燈片上做人手加工，營造特技效果。這跟一般的修填菲林和相片技術並不一樣，所需的技巧及工序較為繁複和專業。

黃少凌與我探討說：「香港現在仍未有這項高難度技術和相關行業，而外國修填幻燈片的高端人才都必須兼備專業拍攝和紮實的寫實繪畫技術。」他更指出當前香港的廣告界和攝影界，必須將影像稿件寄到日本、澳洲或英國，進行為期 20 多天的特技效果處理，對爭分奪秒的業界造成極大的不便。香港的廣告界正進入一個蓬勃的發展時期，他以商人的靈敏嗅覺，鼓勵我不妨放膽一試，或許能彌補本地影像界缺失的幻燈片修圖一環。

工欲善其事，必先利其器。我懷著破釜沉舟的精神，下定決心鑽研這種高難度技術。於是，我到美國柯達（Kodak）公司查詢修填幻燈片的資料，並從美國總部訂購所需的器材、書籍、藥劑和染料等物品。在這段緊湊的「空檔」時間，我四處獵影以迅速提升攝影技術和預備素材，

同時也研究相片修填所涉及的化學劑的學問,例如各種不同的漂劑、洗劑、染料和固定藥劑的應用。人工相片修填(Hand-Made Photo-Retouching)的其中一個功能性,是能夠為幻燈片中的人物「美顏」,例如把滿面皺紋、雀斑和暗瘡的模特兒,美顏成為「皮光肉滑」的靚女。最後,幻燈片將會被放大至地鐵站燈箱廣告的尺寸。換句話說,即使只有一粒米的瑕疵,也會被無限放大。故我日以繼夜在一粒米上練字,以提升精確度和零誤差。

為了驗證鑽研的成效,我向著名攝影師葉青霖先生借來一張無綫電視台女演員廖安麗的照片,她曾在電視劇《神鵰俠侶》中飾演刁蠻任性的郭芙。我的構思是先把美麗的廖安麗影像從照片中抽取出來,然後套入在一個巨型的菲林盒子旁邊,接著重新為背景、光線和衣服調色彩。試驗過程中遇到不少技術上的障礙,但我不分晝夜的反覆試驗,逐步攻克一個又一個的技術

難題。終於到了最後一個工序，就是要仰賴美國的藥劑和染料空運過來，才能完成整體構思。在這段膽大心細的探索性試驗中獲取的實踐經驗，有助掌握整套相片修填的核心技術。

⊙ 人工燈片修填大師

我在黑房自研「燈片修填」的風聲，很快就傳到一間 4A 廣告公司的藝術總監 Howard Kwan 耳中。我從美國柯達公司訂的染料及漂劑還未空運到港，他已迫不及待誠邀我為他公司一個「雅柏錶」廣告做相片修填工作，將一系列攝影照片在黑房做合成影像，然後利用攝影寫實手法在相片上畫出廣告商需要的效果，以優化整個廣告設計。星光不問趕路人，時光不負有心人。這幅作品最終獲得 4A 廣告公司藝術總監們對我美學處理的讚賞和修填技術的肯定。我繃緊的神經終於放鬆了，需要好好的補個覺。

當我睡醒時，工作的單子像天上的雪花飄進我的世界，多不勝數，有電視廣告、海報、雜誌、報紙、唱片封套和廣告照片等。我感覺自己的一級方程式賽車駛入了一條黃金賽道，一條連結香港這個「黃金時代」的大道，讓我振奮不已！我領悟到唯有不懈努力地提升核心技術的造詣到「爐火純青」的境界，才能營造更高美學價值的作品。

·《秋天的童話》電影

《秋天的童話》是一部我很喜歡的電影作品，由周潤發、鍾楚紅和陳百強主演，該片榮獲第七屆香港電影金像獎的最佳電影編劇和攝影。負責海報設計的藝術總監希望我將海報中的紐約大都會營造出法國油畫般的浪漫情調，來描述這段愛情故事。

·國泰航空廣告

緊接著，是國泰航空要宣傳一條新開設的荷蘭航線，他們十分重視，並邀請全球排名第一的李奧貝納廣告公司（Leo Burnett Worldwide）製作該廣告，由著名美國藝術總監 Jerry 負責項目指導。Jerry 邀請國際著名攝影師 Brian 拍攝一系列高難度的照片，讓兩位扮演空姐的模特兒踏著一架被支撐在半空中的單車，製造一種「凌空踩單車，輕鬆過荷蘭」的感覺。但可惜曬出的照片中，前排「空姐」的臉部表情和髮型都未如理想，而後排「空姐」的腿形太粗獷，影響國泰空姐的優雅形象；另外前景的花朵彩度和明度皆有不足。如果整組照片重新拍攝的話，無論在時間和金錢上都會超出預算。

於是，這位總監委託我幫他們「移花接木」，為「空姐」改頭換面。在「人工修填」年代，「移花接木」是項複雜的技術。首先，我需要用在法國訂購特製的貂鼠毛水彩筆，銜接新模特兒的臉部與原來「空姐」的頸部肌肉結構，然後用最細小的 0000 號筆，把新模特兒的頭髮一根根的畫出被吹拂的飄逸效果，最後套入荷蘭的風景。持續不斷的操練技術，累積出豐富實戰經驗，我已能駕輕就熟地處理常見的技術難題。

D. 真是巧奪天工之作!

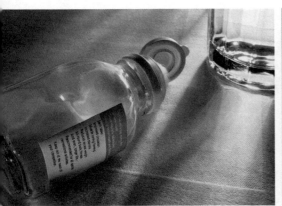

·鐵達時·PUMA 廣告

機會總是留給有準備的人，我有幸認識被譽為「廣告界才子」的朱家鼎。他對廣告的美感與氣氛的營造別樹一幟，視覺效果很有氣氛，因此我們特別談得攏，一拍即合。我曾多次在他獲獎的作品中參與製作，例如獲 4A 金帆獎的鐵達時錶「天長地久」系列，那句膾炙人口的「不在乎天長地久，只在乎曾經擁有」，至今耳熟能詳。而我們製作的一系列 PUMA 廣告也獲得攝影特效獎項，影星鍾楚紅因接拍 PUMA 廣告而認識朱家鼎，我有幸見證這段天注良緣。

·曼克頓花園地產廣告

印象較深刻的一次，是合作港島南區曼克頓花園的地產廣告，業界的評價是「高層次的廣告美學表達」。海報上黃昏的傍晚，有兩架名貴汽車出現在去曼克頓花園的公路上，一架是飛馳著回家的保時捷（Porsche），另一架是剛從家裏開出去兜風的積架（Jaguar），場景製造一種高級時尚的氣氛。這個技術的難度，在於要用一張靜止的汽車相片，做出真實的飛馳效果。在

那個年代，要用黑房純手工的技術展現「車輪轉動」的效果，
是一件需要動腦筋及勇於嘗試的事情。我與負責黑房技術的夥
伴 Bardie Chang 共同反覆測試，在曝光的過程中以不同的速度
轉動車輪相片，但未能成功。踱步而思之際，無意間發現一個
圓形煙灰盅，我靈機一動，將幻燈片的車輪部分剪成與煙灰盅
一樣大小的圓形，放在煙灰盅裏。然後在曝光的過程中，我按
住煙灰盅一氣呵成快速轉動，終於造出了「車輪飛馳」的視覺
衝擊力，恍若日後才面世的Adobe Photoshop軟件製作的效果！

⊙ 三藩市考察

在機緣巧合下，與 Color Six 專業沖印公司合作，讓我的事業如虎添翼。1986 年，我和 Color Six 其中一位合夥人去美國三藩市，探訪一間由華人開設的大規模專業沖印公司 Color 2000，並認識創辦人蔣先生。他毫無保留地介紹公司的最新科技，並數算當時掌握 Retouching 核心技術人才，全球只有 50 位，其中大部分來自美國三藩市、紐約和芝加哥，其次是英國、澳洲和日本，而華人目前只有我一位。他感嘆地說：「林先生，您是目前東南亞首位華人掌握此技術，作品質素展現的功力更略勝英、美兩國技師一籌，真是為我們華人攝影界和廣告界的後期製作爭了一席之地！」

1993 年 9 月，我再去三藩市與蔣先生會面。他又與我分享一個更震撼的消息，就是時任美國總統克林頓指出，世界將會進入「資訊高速公路」（Information Highway），建立新的科技王朝。美國專家預測十至二十年左右，攝影公司將使用數碼科技和無網打印機來打印廣告。感恩在美國洞察未來發展的先機，深知如果不隨著時代的巨輪前進，就會被淘汰。

⊙ 涉足數碼圖像

從美國回港後，隨著生意蒸蒸日上，我請了在理工學院設計系畢業、同父異母的弟弟旭華和一批員工以擴展公司，並在灣仔莊士敦道開設「Lam Yuk Fai Studio」。當時，有一間台灣電腦公司向我推介電腦噴畫機及 IBM Photo Retouching 電腦系統。為了讓公司能在「資訊高速公路」上繼續前進，我毅然購入了這兩套系統，並在柴灣開設了香港首間電腦噴畫公司「Paint-

Ject」。我更小試牛刀用這套 IBM 電腦系統,透過指令製作「琴鍵音符」的 3D 建模,該作品被刊登在 1989 年出版的《相機購買指南》雜誌。很多年後,我才知道那是中國首幅數字藝術作品。

此時,科技已為香港打開一個全新的局面,學術界也開始在這方面投入資源。我受邀請擔任理工大學設計和攝影系的客席講師,教授黑房、Retouching 和 Composting 技術。1991 年,負責黑房技術的 Bardie Chang 開設 Pro-Lab 專業沖曬公司。於是,我把三間公司都遷入灣仔天樂里,令商業運作能互惠互助,供應自如。

⊙ 第九屆卡塞爾文獻展

1992 年,我與一批香港藝術界的專家們,慕名前往參加「全球重要三大展覽」之一的第九屆卡塞爾文獻展(Kassel Documenta IX)。其中,來自美國的藝術家喬納森·博羅夫斯

基（Jonathan Borofsky）的《走向藍天的人》（*Man Walking to the sky*），成為這屆展覽的重要標誌。這是一件裝置藝術作品，一個栩栩如生的人偶走上斜豎著 30 公尺高的不鏽鋼長桿，Jonathan 表示作品概念為集體追尋智慧以及意識覺醒的象徵。

但我與 Jonathan 的看法卻截然不同，我看到的是「失去美的現代藝術」，也看到中國文化和藝術的未來，讓我深刻思索未來藝術的何去何從。我以《走向藍天的人》為藍本進行二次創作，拍攝一組照片，我背著一個巨型垃圾袋，手握著一支掃把，從「走向藍天的人」變成「走回地面的人」，命名「Came from Documenta IX」，後來被刊登在香港第一本數字藝術雜誌《女那禾多》上，諷刺西方後現代逐漸沒落的藝術，寓意中國現代藝術不能再盲目效仿西方，而是要發掘五千年的文化底蘊，發展真善美的藝術脈絡。

⊙ 夢影成真

科技日新月異，公司當時採用的電腦系統不能升級達到製作廣告的標準，但是運用於較生活化的相片特技製作則綽綽有餘。於是，我靈機一觸，成立本港首間數碼婚紗攝影公司，運用 IBM 系統開創一種全新的婚紗拍攝服務，以「夢影成真」命名，其意思是留住最美麗的婚戀時刻。首先，我們摒棄傳統影樓的華麗佈景及裝修，以電腦前衛的合成技術，拍攝含有特技效果的婚紗照。例如百變人景組合，在影像裏巧妙地讓新婚夫婦穿梭在各個名勝古蹟、歐洲的風景區和古典建築物中，將人與景以特技組合起來，滿足顧客天馬行空的幻想力。這種新潮的構思很快引起業內和大眾的興趣和關注。另外，以特技也可以製作拉近與海外親人距離的全家福照片。

後來，我再去美國，希望重新購入高配置的電腦系統和軟件，以製作高水準的廣告。因此，我做了當時最昂貴的一個決定，斥資 400 萬港元，購入一部高配置高性能的 Intel based Dicomed Workstation，輸出顏色和解析度都一流。當時，我順便帶了幾個緊急的香港廣告案件，向美國的技術專家請教，如何運用最新的電腦系統製作廣告特技設計。由於香港公司的業務繁重，我決定在當地物色一位技術卓越的年輕人，回港專注處理廣告的 Digital Art 特技效果。回港後，我開始進行員工培訓，等待美國的電腦運到，加上有外國技師的助力，公司馬上進入新軌道，高效能運作。

⊙　擴張「新寫實主義」境界

當事業逐漸上了軌道，我又能專注投入純藝術
（Fine Art）的創作之中。

自從創作及發表了多幅不同主題的新寫實主義
作品，在我血液中那股創意的 DNA 不斷驅使我
去反思，新寫實主義除了客觀地記錄現實世界，
還可以怎樣發展？還有什麼新的可能性呢？如
何擴張「新寫實主義」的境界？

湯恩比（Arnold Joseph Toynbee）在他的巨著
《人類與大地母親》中迫切地說明：「在我們這
一代，人類控制整個生態環境所得到的成就，
正嚴重地破壞這個生態層（biosphere）並毀滅
人類本身的生命……」踏入 90 年代，生態危機
已成為各國領袖刻不容緩的議題。這讓我陷入
了兩難之中，新寫實主義「冷靜客觀」，我嘗試
透過新寫實客觀的畫面再加以實物裝置，來帶
出生態環境的現況。

·樹與木（一）

我以懸疑手法把畫面兩棵大樹中間的一節樹幹
取出，以真實的樹幹放在畫前，讓大家既看到
眼前美景，也能想像到樹木被破壞後的狀況。
我以兩幅相同的畫面來代表重複的破壞，更巧
妙地將畫分開放置，使兩畫之間的空間、被取
去樹幹的空間及畫與實物的空間產生多重關係。

樹與木（一）　|　1992 年　|　裝置　|　180 x 335 x 92 cm

樹與木（二）｜ 1992 年｜裝置｜ 200 x 600 x 100 cm

樹林的結局｜ 1995 ｜裝置｜ 240 x 670 x 140 cm

·樹與木（二）

我又嘗試以巨幅畫面，營造更迫切的氣氛。這裝置和《樹與木（一）》比較，少了一些空間的變化，卻產生了強烈的壓迫感及重複性。而一連串巨幅寫實作品，將實物從畫中延伸到觀者身旁，讓大家產生「燃眉之急」的迫切感覺。

·樹林的結局

8,000 年前，森林面積約佔地球陸地面積 130 億公頃的一半，但當人類開始發展農業，森林面積就急速縮小，現時已不到陸地面積六分之一。我用三幅巨型的畫幅來帶出這個主題，中間的是用塑膠彩透過新寫實手法畫出原始的樹林，兩邊我以素描畫出被砍伐樹林的荒蕪景象，然後一紮紮的即棄筷子從巨幅素描畫下延伸到觀眾的面前，來控訴濫伐林木的資本家。

·大地終曲

厄爾尼諾現象對全球造成災難性破壞，但在短期內卻看不到生態環境有任何改善，意味著人類居住的這片土地，將要面對更多更大的災難。我用泥土雕塑出一塊塊刻上近期各種病毒名稱的龜裂泥板，從一幅呈現著乾旱大地的巨幅塑膠彩畫延伸到地面，讓參觀者感受到一種迫近身前的視覺經驗。

大地終曲｜ 1994 ｜裝置｜ 200 x 494 x 240 cm

奠定美育藝術觀

1996-2000

雖然父母未能為我樹立一個「夫妻恩愛」的楷模形象，但我成婚之後，就要履行對家庭的責任，以家庭為優先，努力經營一個溫馨、快樂和有安全感的家。在繁忙滿檔的工作季節裏，我的兩個孩子相繼出生。通宵達旦的工作，讓我忽略了家庭生活和對孩子的教育。忽然間，我意識到我不能重蹈父親的覆轍，不可低估當一位「好爸爸」的重要性。於是，我在事業與家庭關係兩忙的日子，動極思靜，幾經轉折，終於在 1995 年 7 月 23 日，為了優質的家庭生活和孩子的教育，也為了更靠近世界藝術舞台的中心紐約，我們舉家移居加拿大。

⊙ 夢想屋

我在溫哥華購入了一幢擁有後花園和三個車房的兩層獨立屋，將其中的一個車房設置成充滿各式各樣工具的「八寶房」，充分滿足了我「動手做」的樂趣，感覺回到童年「動手做」小玩具的那段快樂時光。我開始與家人一起用心建設這個新居所。每日我負責開車去接送孩子們上學，其餘的時間，我與妻子開始在後花園種

在溫哥華期間經常與當地的藝術家朋友相聚

她喜歡的日本楓樹和五顏六色的鬱金香。而我也動手鋪了一個
用來燒烤的紅磚台,在平日邀請鄰居與藝術家朋友到花園中燒
烤,建立鄰里的關係,很快就融入了當地的休閒生活。

接著,我想打造心目中的「夢想屋」——一間恍如畫廊的理想居
所。整個空間以清雅的白色系為主色調,簡約的元素互相點綴。
搭上開放式廚房,淨透明亮的落地大玻璃窗,與戶外生機蓬勃
的大自然相互接觸,讓整個空間變得十分愜意。我把新寫實作
品按色調、風格,搭配室內環境,精心佈展在不同的位置。我
感覺一股芬芳、濃厚的幸福感瀰漫在整幢屋子的每一個角落,
更延伸演變成一面展現出家庭溫馨回憶的「全家福」照片。而
每晚當夕陽的餘暉撒在餐桌上時,便一家人手拉著手,同心感
恩上帝賜的飲食和平安喜樂,孩子感受「愛」的方式,就是與
爸爸媽媽和諧相處的歡樂美好時光。要成為孩子心目中獨一無
二的「好爸爸」,是需要努力和學習的。

一家四口遠離繁忙，沉醉於自由自在的幸福時光。

⊙　主題學習的啟發

為了更關注孩子的教育，我積極參與學校的親子課外活動，認識了很多老師，有些跟隨我學習畫畫。他們經常與我談論西方小學教育的特色，加國的小學教育著重因材施教，發掘孩子的天性優勢，寓教於樂。學校大部分是按「主題學習」（Project Base），選擇主題時不是以老師為主導，而是按學生的興趣，再由老師輔以引導，培養孩子「愛閱讀、動手做和說故事」的自主學習能力。有一次，我連續去參觀了大兒子的一個主題學習的課堂數次，觀察到老師為了拉近與學生的心理距離，會請孩子們圍繞在他的身邊坐下，一起探討（Brainstorming）每一個孩子的主題，鼓勵他們自由地提問和分享自己的觀點。

⊙ 大兒子的留聲機

我們家裏熱愛音樂，大兒子從小受薰陶，所有歡樂的時光，都少不了音樂這副心靈良劑。我喜歡聽爵士樂和流行音樂，太太喜歡聽古典音樂，家裏收藏了很多不同年代的黑膠唱片和經典的黑膠唱機。黑膠唱機可以優雅地傳出鄧麗君溫婉柔美的歌聲，質感彷彿置身現場聽原唱一樣。為了跟爸爸媽媽有更多共同的音樂話題，他選擇以黑膠唱機的原型「留聲機」為學習的主題。當時他才小學五年級（Grade 5），老師教他到圖書館和上網，收集相關的圖文資料和記錄筆記。

接著，老師再引導他按部就班，把整個留聲機的內部發聲結構動手做出來。他一放學就興高采烈地與我討論，如何製作留聲機的外部音箱。這種父子間愉悅交談和「動手做」的經歷累積，讓我們建立了很棒的父子關係。當我們共同完成這部留聲機的音箱後，終於來到見證它「誕生」的時刻！大兒子小心翼翼地把一張黑膠唱片放在唱盤上，慢慢地將唱針放置妥當，轉動搖桿以帶動內部機械運轉，音樂就這樣地傳出聲來，讓他興奮不已，有一種前所未有的成就感！最後，老師教導學生把主題內容展示出來，每一個小孩子從小學一年級（Grade 1）就開始學平面設計。

到了學校的開放日，老師會邀請學生的家長來到學校參觀孩子們的作品，而每個孩子都要站在自己的展示板面前「說故事」，繪聲繪色地為來訪者導賞作品。當日，我記得有一組家庭來參觀他的作品，那個孩子問道：「為什麼你的展示板只有黑白色？」他不慌不忙地回答：「留音機是科學家愛迪生在 1877 年發明的，當時所有的攝影機只能拍攝黑白照片。為了配合那個年代，故

大兒子於學校開放日，操作他製作的留聲機。

大兒子也一手建立了充滿中古氣氛的盾和城堡

我選用了黑白色調來設計。」我聽了，不禁為學校能透過主題學習，培養孩子「愛閱讀、動手做和說故事」自主學習能力叫好，更重要的是能建立獨立思考和判斷分析的能力。

☉ 小兒子尋找夥伴

另一個是關於我小兒子的故事。他剛好上小學一年級，有一次，我接他放學回家，他很不開心地跟我說：「今日老師要我們做一個 Project，我找了 Brain、Tony 和 Jason 一起做，怎知道 Brain 和 Tony 一直在玩遊戲，沒有動手做，最後只剩下 Jason 與我一起完成。」我就跟他說：「不開心是不能解決問題的，要積極地面對，明天我陪你到學校問老師，該怎麼解決，好嗎？」第二天，老師語重心長地告訴他：「主題學習其中的一個重點就是培養你如何去尋找合適的合作夥伴，而他們不一定是你的好朋友。你要找的是有不同專長和共同興趣的同學，大家共同完成任務。」我聽後，更加讚嘆加國的教育從小培訓孩子的社交和合作技能，這對孩子將來如何尋覓志同道合的合夥人是一個相當重要的訓練。

☉ 終身教育

這種經歷徹底地引起我對西方教育的好奇心，開始自發地研讀歐美的教育系統及理念，發現了熱愛學習的秘訣——按個人興趣和與生俱來的天賦，激發終身自學的能力。終身教育（Lifelong Education）是當今主流的教育理念，定義是「一輩子的學習」。

麻省理工 Media Lab 著名教授米切爾・瑞斯尼克（Mitchel Resnick）指出，在當今快速轉變的世界，人們必須不斷提出有

小兒子展示了他的中國剪紙

創意的方案來解決意想不到的問題。要成功不是基於你知道什麼或知道多少,而是有創意地思考和行動的能力。換句話說,由於全球化的知識爆炸,舊知識很快沒落,新知識取而代之。人類已察覺到無法讀一門學科後就安枕無憂,只有積極開放學習新事物,才能物競天擇,適者生存,因而衍生出終身學習的概念。就如我苦心自學的幻燈片修填技術,從掌握到創業短短幾年間的光陰,就迅速被新崛起的電腦修圖軟件取代。

那終身學習的教育資源有哪些?主要包括三個方面:正規教育、非正規教育和非正式學習三大系統。正規教育指循序漸進系統化的學習,從幼稚園到博士學位;非正規教育指職業技能訓練機構等;非正式學習指按自己的興趣和天賦培養自學的能力,成為某個領域甚至是跨領域的專家。

而我就是一個活生生的透過非正式學習「終身自學」的成功例子。如果要活到老，學到老，就必須從小培養孩子喜歡學習和自我學習，而加國的教育就是建基在這個「終身學習」的教育理念下。此外，我也觀察到香港教育制度對孩子成長的不足，於是在經過一系列的研究和實踐後，我奠定一套「透過藝術的教育建立品格」的美育觀及價值觀。

⊙ 潛心創作

除了研究教育，我在溫哥華潛心專注創作，這也是我移民加國的另一個人生目標——成為一位全職的藝術家。為了突破過往創作的思維和理念，我放眼世界，開始系統性的研讀西方的藝術歷史和文化發展，還有西方的哲學和美學，發現了一片與東方截然不同的天地。透過不斷反思和創作，我擴張視野和改變了人生觀。與此同時，全球化的能源危機及環境污染等，令我開始洞察到西方文化潛在的危機及困局。經過深思探索，最後我以「我與家」、「我與國」和「我與天」三個系列的作品來表達內心的看法。

⊙ 失去了美的現代藝術

自從我參觀完德國的第九屆卡塞爾文獻展後，我重新審視西方失去了美的現代藝術，認為中國的藝術不能再盲目的跟隨西方的步伐。2001 年，我寫了一篇藝術評論文章《失去了美的現代藝術》，做為主題文章刊登在《文化中國》月刊上。本章之後附上評論的全文，以較嚴謹和學術化的文筆暢談一位藝術家對這時代的反思。

2023 年，在我發表了那篇文章的 20 年後，回望這個世界，在人類可以接觸的每一個範疇，包括政治、經濟、文化、軍事、環境及藝術都跌落一個找不到出路的困局之中，千瘡百孔，困難重重。

西方的藝術在新金融（虛擬貨幣）、新媒體（元宇宙）、新科技（人工智能）及新市場（NFT）的推波助瀾底下，藝術成為了資本市場的炒賣工具。數千年來人類累積下來美學定律、美學元素都不管用，當今的西方藝術不單只是失去了美，更加是反美、不可以美，美變成沒有標準的老土象徵，剩下來的就只有炒賣。

西方的文化藝術已經是夕陽西下，當中國藝術的大門打開，要與世界接軌，弘揚我們的文化藝術，就要重新審視中國文化與藝術的發展，不要將作繭自綁在困局中的西方藝術照單全收。

失去了「美」的現代藝術
—— 一個藝術家的反思

從「啟蒙運動」到今天，人類不斷在尋找真理，追求真善美。柏拉圖（Plato）提倡藝術最高目的是為道德服務，而亞里士多德（Aristotle）卻認為可觀察可經驗的世界更重要，所以藝術必須表達自然世界的真。到浪漫主義（Romanticism）認為藝術是人類感情的表達，印象主義（Impressionism）卻反對浪漫主義只為傳達藝術家的激情，而象徵主義（Symbolism）又反對自然主義式的迂迴再現手段。到了 20 世紀，現代藝術強調要為藝術而藝術，藝術必須有原創性及絕對純粹。詮釋學的代表伽達默（Hans Georg Gadamer）說過，現代藝術的百分之九十九沒有產生任何真正原創的東西[1]。人類就像瞎子摸象，大家都找到了部分，卻拼砌不出真理的全貌。今天大家都感到筋疲力盡，最後尼采的門徒史洛特提克（Peter Sloterdijk）提出他的唯物美學觀：「所謂美學的使命，就是在一個只知道沒有真理存在就是唯一真理的世界，去維護真理的殘餘」[2]。

· 20 世紀的悲觀與割裂

當進入 20 世紀，科技發展迅速，大家滿以為人類已經踏上了一條康莊大道，從此可以坐享科技的成果。但慘遭第一次大戰的洗劫，人類才醒覺科技所帶來的是更大的殺戮與危機。心理上帶著極大的創傷，再加上人類生活於高度工業化制度的壓迫下，西方社會充滿了悲觀與割裂的思想，而教會又未能滿足人們內心對終極的渴求，於是尼采（Friedrich Nietzsche）就宣告：

「上帝死了」，其實尼采的真正意思是人將祂殺死的，所以人類
要自己負責任地活下去[3]。英國畫家培根（Francis Bacon）更
說：「現代人發現自己不過是偶然的產物，十分無用，所以我不
憑理性參與這局人生比賽」[4]。在他的作品中，把人畫成似人又
似獸的怪物，在鐵籠中徘徊吶喊。20 世紀悲觀主義與割裂的風
氣，就這樣從哲學傳到繪畫，而杜象（Marcel Duchamp）把這
觀念發揮得淋漓盡致，《下著樓梯的裸女》（*Nude Descending
a Staircase*）真正的人已經死了，剩下來的不過是一部機器。
他認為一切東西，包括人性在內，都是荒謬而無意義的，因此
他把信手拈來的「單車輪」及「小便器」拿來宣告藝術死亡。
畢加索（Pablo Picassos）也在他的作品「阿維農的姑娘」（*Les
Demoiselles d' Avignon*）中，帶出了新的宇宙觀和人生觀，他
以割裂式的手法，表現出分裂的世界和人。其實從後期印象，
塞尚（Paul Cézanne）已把割裂現象表現出來，他把自然簡化
為幾個最基本的幾何圖形，希望從中尋出「共相」（Universals）
來統一自然界的「殊相」（Particulars），最後卻把自然面目變
得支離破碎。其實在塞尚的心目中，人也是割裂的。

踏入 21 世紀的今天，人類正在資訊高速公路上奔馳，似很有希
望，卻是不知何去何從，是一個迷惘、分歧及褻瀆的時代。經
歷了東歐共產主義結束、蘇聯的解體、種族主義的抬頭、愛滋
病的威脅、生態環境日益惡化，大家對西方思想重新審視。曾
被傳媒評選為當今對西方以至整個世界影響最深遠的人物，達
爾文（Charles Darwin）、馬克思（Karl Marx）、尼采以及佛洛
伊德（Sigmund Freud）。他們的學說，曾經改變了西方思想及
歷史進程，現在卻步向失敗，曾經被認為可以解釋一切的科學
定律，在一夜之間被新的發現所否定，再沒有人相信權威。正
如後現代思想家詹明信（Fredric Jameson）強調，「再沒有一

種一元壟斷的事物」[5]，包括思想、意義與方法，是一個沒有真理，沒有道德，沒有美，更沒有法則的世界。

在藝術方面，現代主義追求宇宙的「共相」，一種統一的語言及超物質的道德觀。到今天，他們追求的統一性、獨立性及權威性都被後現代的思想完全拆毀，後現代的藝術家不再關心「進步」的問題，也不關心形而上的藝術觀念。「生存」成為他們最迫切的主題，藝術家已從不吃人間煙火的深山，回到這個被商品及資訊充斥得水洩不通的多元社會來。今日的藝術可稱得上是百花齊放，後現代的特色是不拘形式規範，甚至直接引用他人作品，如法籍藝術家菲利普·湯瑪斯（Philippe Thomas），他通常以「現成物屬於每一個人」這句子來代表他的名字，他這樣做是要表明今天的藝術創作不再只是藝術家個人的創造，因為現成物屬於每一個人，是為了製造一種虛構，以呈現傳播媒介所製造的幻覺及當代商品化社會的實質。什麼人都可創作。什麼現成物品（商品、錄像、廣告等等），信手拈來，就變成藝術品。藝術品與消費品合成一種新概念，在這個消費文明及極度商品化的今天，衝擊著前衛的藝術家。

除了商品化及世俗化的衝擊，因著資訊的發達，每天發生在世界各地的苦難，以及每況愈下的家庭倫理悲劇，不停地轟炸著現代人心靈深處，故此延續了 20 世紀的悲觀思想。藝術家把世界的荒謬、痛苦與鬥爭表達出來。如布魯斯·瑙曼（Bruce Nauman）的錄像投影裝置《人類學，社會學》（Anthro/Socio），在一個漆黑的房間中，四壁投影著巨大正立和倒立的頭像，呼應著放置中央的四個電視，電視裏的頭像和四壁的頭像不斷高速地旋轉，更隨著激烈、高亢的喊著：「拯救我，傷害我，社會學！」「餵養我，吃掉我，人類學！」來對錄像所象徵的當代社會、文化

等對人壓抑的強烈抗議，也試圖以極度受壓而希望得到極度釋放及透過吶喊來掙脫平面影像的牢籠。還有黃永砅（Yong Ping Huang）的《龜桌──世界劇場》（1995 年），他在龜形桌內放置諸蟲（十一隻黑蜘蛛，八隻壁虎，八隻蠍子，三隻蟾蜍，兩條小蛇，八十隻蝗蟲等等），以古代巫教將各蟲置於一罐，最後能存活下來的就是最厲害的，來隱喻人類弱肉強食，各族互鬥及各國互吞的本質，更反諷從挪亞方舟到聯合國的神話。（本作品曾經在蓬皮杜中心被禁展而引起過一場藝術與道德爭論）6。

·接觸靈界，尋找自我

當我們經歷了機械化、自動化以及商品化的發展，我們再進到一個速度化的社會。除了我們新陳代謝的速度，情感的速度，動物性的速度及科技的速度，更使我們暈眩的是資訊與影像的速度，資訊與影像的速度催化了以上的四種速度。從前我們是以世紀為單位的思考，以及從歷史的編年紀，現在一瞬間已失去了自我，大家找不到自我統合性及完整性，尤其以西方社會更為嚴重，很多人希望透過神秘經驗來找回自我存在的意義和價值，故此對東方神秘主義特別著迷。最近興起的新紀元運動就是結合了古代中東的占星、術數以及東方神秘思想的如打座、冥想等等，風靡了整個西方社會，而來自東方的藝術家也樂意把他們數千年的傳統文化介紹到西方。特別是當中國開放後，前衛的中國藝術家更是一窩蜂地把儒釋道的思想，透過作品帶到西方藝術的大家庭。印度出生的英國藝術家安理士·卡普爾（Anish Kapoor）的作品《入地界》（*Descent in Limbo*），當你進入這個 4.5 米的方形屋內，陽光從屋頂透進來，地板正中央開出了一個三米深圓球形的空洞，內壁塗上純粹而深邃的藍色。站在前面會被一種靈界般力量吸引，當步前探望，一旦觸及看

不見底的空洞，不禁渾身震顫，有些人更要跪下來，就好像在敬拜這個「地界之門」。

對社會現實的揭示與批判本是藝術的一個重要面向，但對道德與宗教過份的批判及摒棄，卻是一種壞的文化。傑夫‧孔斯（Jeff Koons）在他名為《天堂製造》（*Made On Heaven*）的作品中，把自己與意大利脫星國會議員小白菜做愛的巨大照片掛滿室內的空間，然後把他們做愛的雕塑放置中央，旁邊纏繞大蛇，來挪揄歷史與宗教。他掌握了傳媒的取向，故此他能風靡歐洲與全世界。他的作品經常帶著狂熱對性愛及色慾題材的追求，他玩世不恭，放蕩形骸的態度，背後隱藏著絕望與憤怒的諷刺，作為對道德表面的反擊。紐西蘭藝術家韋布（Boyd Wedd）更認為宗教是糞便，而新人類「精蟲」應遠避這份神給人的禮物。韋布把牛肉做成糞便，排成一個十字架，放在一張鮮紅色的牆紙上，就像一份剛打開的禮物，精蟲般的豆芽卻努力遠離這被稱為糞便的十字架，作品取名為《糞便》（*Stool*）。

·失去了真善美的現代藝術

現在的藝術家已不再追求真善美，正如大部分的前衛藝術家都認為，傳統藝術表達的是「美」，現代藝術表達「真」，而「真」只能從自己的感受經驗開始。這是什麼樣的真呢？在另一方面，這個自我感覺的真，也被當今的傳媒所牽引及扭曲。當藝術家發覺自己艱苦經營的創作及展覽沒被傳媒報導，而傳媒的取向是有賣點及較轟動的消息，所以現代藝術都以新聞價值取代了藝術價值，而藝術中的美更被認為沒有標準。伽達默（Hans-Georg Gadamer）也說過複製一美景現在似乎已崩潰，因為我們生活在一個被科技複製工具所污染的世界[7]。現代藝術家是否

不能夠，也不應該追求真善美呢？愛美本來就是人類的天性，從史前的遺物中已發現許許多多審美的事物。在 2,000 多年前的希臘，已經對「美」有相當精湛的闡述。隨著歷史發展，東西方的世界都建立了各自的美學系統，但到了 20 世紀，確實產生了很大的變化。藝術是人類文化重要的一環，文化為人類的理性、感情及行為帶來方向，文化也為我們指出什麼是好或不好，是非黑白。保羅・田立刻（Paul Tillich）認為，好的文化幫人納入正軌，而壞的文化卻必然影響道德，他對文化的標準為文化必須有不斷自我否定超越的意向，而文化裏也要有宗教成份及道德成份，因為這些成份是文化的根源，沒有了這些成份的文化是不能存留的。就像次文化因為沒有宗教及道德成份，所以曇花一現，不能久存。看到今天的藝術現象，正是步向次文化的命運，越來越變成一種大規模表演的娛樂節目，這正是「後現代資本主義文化邏輯」的結果[8]，而這結果正帶領人類進入一個混亂及沒有方向的歧途。

・對現代藝術的回應

我在 20 多年的創作歷程中，察覺到存在著整套的法則可以掌握。不單是在美學，就是我能認知的萬象中，每一個環節，每一個範疇，都經過精密的設計，也有特定的法則。我不相信這萬象是機緣的巧合，更不能接受人類只是一堆堆的元素偶然地進化出來。1995 年中國雲南省從寒武紀大爆炸化石，發現了早在六億年前動物界所有的門類，是突然同時出現的[9]，而不是進化論所說的由一個物種進化到另一個物種。就看由 3,000 億個排列所組成的一個遺傳基因已是不可思議，何況整個人，會愛，能認知，又能創作，相反地，我相信這萬象的背後是一位極具智慧的設計者、創造者，他創作了所有的元素，設計了所有的

法則，這也是 20 世紀後不少著名科學家所肯定的 [10]，然後啟動了這些法則，就是宇宙大爆炸的起點，最精彩就是這位全能者，按著他的形象樣式造了人類，讓人類來管理這個地球。故此，人的存活是有意義的。因為他愛人類，更將音樂、藝術、婚姻及敬拜這一切活動的可能性，作為禮物，賜給人類，讓人類享受，所以我看這一切都是美好而有意義，有價值的。

今日，我們看到現實世界的無常，現代人類面對很多的痛苦與失望，大家會問，如果上帝是絕對全能，創造應該是完美的，為什麼人類會有痛苦？不錯，上帝是絕對全能，但人是被造物，所以人非絕對，人必須按照絕對的上帝在創造宇宙所定的律，就是我們活動的範圍與法則來生活，才能達至完美。人是有創造力的存有物，自由意志乃創造力的基礎，而人卻用他的自由意志拒絕接受創造主，更沒有按照他所定的律來管理世界。環顧整個世界的生態危機，道德敗落，糧食不足，核能擴散等，我們從人類歷史中更看到人的嫉妒，自我無限地膨脹，給人類帶來無數的殺戮與苦難，而最大的苦難，莫過於現代家庭的支離破碎，最親密的家人互相傷害。其實當我們離開了這位絕對的創造主，一切的真善美注定都會失去。

註　1　（*Flash Art* 1987 年 5 月號）伽達默（Hano-Georg Gadamer）訪問錄。

　　　2　（*Flash Art* 1986 年）史洛特提克《尼采唯物論的美學觀》訪問錄。

　　　3　鄔昆如《西洋哲學史話》（台北三民書局，1977 年），頁 686。

　　　4　陸梅克《現代藝術與西方文化之死》（中華基督翻譯中心，1985 年），頁 157。

　　　5　（*Flash Art* 1986 年 10 月號）詹明信（Fredric Jameson）訪問錄。

　　　6　《雄獅美術》1995 年 1 月號，頁 65 至 68。

　　　7　（*Flash Art* 1987 年 5 月號）伽達默訪問錄。

　　　8　*New Left Review*，1984 年 7 至 8 月號，詹明信《後現代主義或後資本主義的文化運轉》是最好的闡述之一。

　　　9　《時代》雜誌 1995 年 12 月 4 日版《當生命爆炸時》。

　　 10　《宇宙・生物・上帝》（*Cosmos, Bios, Theos*），1992 年訪問了當代 60 位最著名的科學家，包括 24 位諾貝爾獎得主，他們大都認為宇宙應有造物主的存在，而且不單是所謂「神秘的宇宙能量」。

千禧孫中山

2000-2005

轉眼至千禧年，世界在變，中國也在變。我亦快到了「五十知天命」的季節，但心中被中國的苦難所挑旺的火種，卻越燒越旺。因此，我透過創作來表達內心的苦澀與悲憤。

⊙ 《中國人的苦難》錄像裝置

在溫哥華，我縱橫馳騁中國歷史的興衰榮辱，特別是過去一個世紀，中國人經歷的七個苦難：鴉片戰爭、八國聯軍、內戰、日本侵華、南京大屠殺、文革和大躍進，每一個苦難的背後都埋著過千萬人的骷髏在永不見天日的黑暗裏，給當時的人民帶來了空前沉痛的災難。時至今天，這些歷歷在目的歷史傷痕對中華民族的精神文化損害非常深遠，包括被掠奪流失海外的文物，上至新石器時代，下至明清民國時期，約 1,000 多萬件，而記憶之創傷又豈能靠遺忘來治癒？

我以陶土製作苦難者的骷髏頭來紀念他們的喪生，然後製作七個代表苦難的木箱，把骷髏頭裝滿每個木箱，最後封貼一張張寫上受難日期的封條，包括「1840 年　鴉片戰爭」、「1901 年八國聯軍入侵中國」、「1937 年　日本侵略中國」、「1937 年南京大屠殺」等等，見證中國人飽受苦難的日子。在木箱背後的牆上投影著 49 張善良、樸實和勤勞的中國人面孔，這些清晰巨大的面孔與木箱內若隱若現的骷髏頭形成強烈對比，陳舊木箱及破爛封條見證了歷史的痕跡。

中國人的苦難｜2001 年｜錄像裝置

⊙　《孫中山》裝置藝術

當我埋首創作《中國人的苦難》時，我的心底卻湧出無盡的苦澀和疑問⋯⋯為什麼中國人要經歷這麼多的苦難？直到 2001 年 10 月 10 日，北京中央電視台播出文獻紀錄片《孫中山》，正值辛亥革命 90 週年，國內反應轟動。當時，我研讀了大量孫中山先生的事蹟，特別是以他為代表所發動的辛亥革命，如何把中國帶進一個自由、平等、博愛的大同世界，是中國苦難的一個出路。他臨終的遺言昭告後人：「革命尚未成功，同志仍需努力」。這句名言至今依然是那些希望中國變得更為完善的有志之士的座右銘。雖然他已長辭人世，但他的「僕人領袖」精神永存。我對他那不折不撓和犧牲的精神，深感佩服，感到如釋重負。

在這個關鍵時刻，我答應了負責《孫中山》香港版紀錄片剪輯的楊永祥導演和創世電視邀請，為此香港版本創作《孫中山》藝術作品，以紀念孫中山為中國打開了出路。於是，我採用了七種不同媒介與風格的畫幅，取其特性配合歷史事件來全方位的表達孫中山的一生；再將一把象徵著孫中山精神的「藤椅」放置在整套作品的中央位置，是靈魂的象徵。

孫中山｜2001 年｜裝置

首先，我以「新寫實主義」的手法透過油畫把孫中山坐在藤椅上的「僕人領袖」形象活現出來，這作品代表孫中山自己，其他六幅都是由這畫像演變出來。

緊接著第二幅的黑白照片作品是在孫中山兩旁加上孔子與孟子的畫像及儒家思想的文字，表達出他繼承中國傳統文化的美德。作品以黑白色調來呈現中國文化的樸實特質。

第三幅以影像加工、負片的特技效果畫面，代表孫中山的信仰。他是一個基督徒，效仿基督捨己的精神，把自己畢生獻給改革救國、救民的使命與責任。我利用攝影負片影像那種死亡感覺來代表孫中山的捨己精神，把他和釘十架的耶穌影像合而為一，從頭部可以看到生與死的巧妙安排，而耶穌博愛的精神也從伸開的雙手傳達出來。

第四幅是印象派的油畫，呈現孫中山正在一片藍天白雲的青草原上休息，視線卻遙望遠方，沉思他的理想與願望，是擁有一個自由、博愛及富強的中國。

第五幅畫作是兩個孫中山並排穿上西裝和中山裝，透過強烈對比的單色影像，來反映他吸取東西方的不同思想，而開創了一套改革及建國的藍圖。我借助絲印效果來表達他的思想及學說。

第六幅我利用數碼影像這種充滿革命性的媒介來表達孫中山先生是一位「革命先行者」，可說是恰到好處，他不僅推動軍事革命，還有經濟及文化的革命，畫面上每一個日子及影像，都是一次革命行動。

第七幅我以「表現主義」的膠彩畫來表現孫中山轟烈的一生。他對學問熱切的追求，對民族強烈的感情，對革命激烈的行動，就像斑斕的火花從他的內心焚燒出來。

對孫中山的理想與願望，我有著深刻的反思。人生道路上，需要編織理想與願望，而非只顧貪求功名利祿，今朝有酒今朝醉！有理想的人，比常人擁有更無窮的思想和創造力。很少人知道，偉大的創造與發明，一切均由尋夢開始。如果尋夢是啟導之門，竭力所付出的血與淚，必然是夢想成真的鑰匙。美夢幻滅了？不要緊，甦醒後更懂得調校目標，提步再闖理想之鄉。人生變得更璀璨，在於人人擁有一顆尋夢的心。願這世界多一個圓夢者，增添多一份真善美的創作，力求多一分進步。

翌年，適逢台北市「國父紀念館」30 週年館慶大展，有 400 位
研究孫中山的學者和專家出席。而我也有幸被邀請並於會上發
表演說，與眾多學者分享《孫中山》裝置藝術作品的創作理念，
同時展出了這個作品，受到各位與會者讚賞。會上認識了廣東
省中山圖書館館長，他讚揚這套作品貢獻社會。於是，我複製
了兩套，一套送給中山圖書館，另一套則贈予台北國父紀念館。
2004 年，我協助多倫多中華文化中心舉辦「孫中山先生永恆的
迴響紀念週」，同時展出《中國人的苦難》及《孫中山》等多媒
體大型裝置作品。

中山大學傳播與設計學院副院長和藝術理論家楊小彥博士，對
我的作品評論道：「林旭輝先生以藝術家的敏銳，信仰的堅貞，
通過一組精心創作多種媒介的藝術作品，配合一把頗具象徵性
的椅子，把『孫中山』轉變成視覺符號……把歷史存在轉化成了
視覺現實，從而進一步將人們記憶深處的紀念碑從風煙中矗立
出來活現眼前。……達到一種藝術的昇華，完成一次真正意義上
的視覺禱告，這正是林旭輝的藝術力量。」

社群美育踐行者

2006-2015

2006 年，新鴻基地產要發展位於馬灣的珀麗灣項目，為了對社區作出貢獻，提議建設香港首個主題文化公園，宣揚關愛與和諧，建立社會正面價值觀和開拓本港旅遊業。當時，我接受新鴻基的邀請返回香港，出任「挪亞方舟博覽館」主題文化公園的藝術顧問。

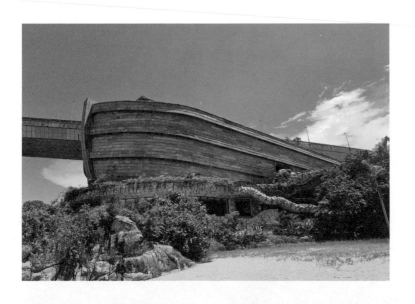

⊙　挪亞方舟博覽館

這是香港甚至亞洲首創,按《聖經・創世紀》記載的方舟一比一製作的主題博覽館。其設計概念嶄新,在館內融合多樣而整全的主題,每個展區互相緊扣,又有獨立的可觀性,當中的訊息揭示地球及人類過去、現在與將來。而方舟鄰近的大自然公園,是個結合自然、通識教育、生命教育、基督教教育、藝術和愛的主題綠化公園。園內小徑依山而建,保留了數千棵原生樹,也是香港蝴蝶品種最多的其中一個地方,讓遊人置身於百花爭妍的美景中,賞心悅目。沿途更可以登上鳥望台,欣賞藍巴勒海峽及翠綠小島等令人目眩神馳的壯麗景致,優美的環境為市民提供一個接觸大自然的好地方。而負責這個項目的總監伍則堅先生,由於志同道合,興趣相投,我們成為愉快的合作夥伴。

⊙　妻患末期癌症

在我努力埋頭「挪亞方舟博覽館」的同時,妻子佩珠為要照料在讀書的兒子,決定暫留在加拿大。在我的人生中,妻子的溫柔和能幹,令我無後顧之憂,可以專注藝術創作。雖然,我有時渴望她能在前線與我並肩作戰,更深的了解我對藝術的抱負和使命感。到了 2009 年,新鴻基的項目也告了一個段落,佩珠終於回港。

為了感謝佩珠獨自一人照料我們的家，我帶著她遊歷聖地以色
列和土耳其。回港後，我突然間倍感不適，她陪我去醫院檢查，
卻意外發現她已患有末期的直腸癌。晴天霹靂，我無法相信一
向注重飲食和心理健康的她，竟會患上癌症。她黯然神傷，默
默地留下兩道淚痕說：「如果天父要接我先回天家，我們就在那
裏再相見吧。」接著半年的化療電療後，癌症又再復發，堅強
的佩珠決定放棄西方的化療電療，改用自然療法，同時我開始
與她遊歷世界各地。感謝天父，她的病情終於穩定，我繼續帶
她出遊探望親友。

⊙ 提倡社群美育

2011 年，我應邀擔任「九龍社團聯會社會服務基金」文化藝術
拓展顧問，致力推動社群公共空間藝術。我參與油尖旺的藝術
教育推廣活動，並策劃「城市生態 24 小時——油麻地果欄」，

透過有趣的城市生態,以果欄獨特的運作模式來帶出香港精神。我選擇以油麻地果欄作為壁畫美化基地,目的是要透過果欄藝術活化,讓旅客以至港人認識到獨特的香港文化及精神。我們帶領六間中學、一所大專及一所小學約 140 名學生及老師,完成共 13 組壁畫,提升學生們對本地社區的參與感和歸屬感。美化後的油麻地果欄,期望增強市民的身份認同和提升對本土文化的自信。最後,油尖旺區節統籌委員會主席高寶齡相信,「社群藝術實踐美育」點亮小畫家對藝術優化社區的夢想,獲益良好,以藝術建立愛護社區的美德。

2013 年,為了推廣「社群藝術實踐美育,以美育人,以藝術建立品格」的社群美育理念,我們聯合多位文化名人成立慈善機構「靈美創意培育基金」。我將北美的經驗融入本港特色文化元素,積極地在這成長的城市推動社群美育。特別是當我看到西方社會逐漸沒落的個人主義以及商品化所衍生的藝術潮流,我

認為以社群藝術推動美育是中華大地值得探討
及發展的藝術方向，同時期望能為香港社區營
造藝術氣氛，陶冶身在其中人的性情和審美素
養，立德樹人，為本港的文化自信築基，同時
提供一個共創的藝術平台給熱愛藝術文化的社
會大眾。

在成立「靈美」不久後，佩珠的病情復發。為
了陪伴愛妻，我再度暫停手中的工作，陪伴著
她兩年多的時間。直至 2015 年，她先去天家，
餘下自己，肩負靈美，面對眾生。妻子的離世，
讓我明白人生的歲月有限，光陰似箭，更應積
極面對，有智慧地數算生命的日子，做個生命
的好管家，發掘潛能，盡力愛護家人和身邊的
至朋好友。更重要的是為社會做有意義的貢獻，
讓餘生像煙花一樣絢麗的綻放。

李國寶中學壁畫作品

銘基中學壁畫作品

我對社群藝術之探討

香港社群藝術自上世紀 80 年代末風起雲湧，至今 40 年，見證香港由英國殖民時代至回歸祖國，並發展成落實「一國兩制」原則的「中國香港」，至今仍保留其國際化的獨特身份和優勢。

我於 80 年代早期推動社群藝術（Community Art）時，由於 Community 在英文中單指某一個社區或人群，為避免陷入地區性的狹隘定義，故翻譯為「社群藝術」，強調是以社群為本的參與性藝術。80 年代的香港社群藝術，主要以服務弱勢社群或治療病患為目標，或進行社區美化。90 年代開始的社群藝術計劃，一直由非營利組織推動，具有身心治療、協助個人發展、美化社區和促進社會和諧統一等功能。藝術家懷抱著服務社會及弱勢群體等理念，不止成功地進駐到公立醫院，進行藝術治癒，也將藝術的活力植入老化的社區，有助於環境美化與健康，將藝術帶入市民的生活，凝聚社區居民的自我認同與社區意識，提高幸福感和歸宿感。

由於社群藝術的發展已有一段時間，本港政府近十年來已視這些藝術形態為一種文化途徑，可與醫療健康、文化教育、旅遊和社區福利等形態整合，以改善社會。社群藝術強調社會參與，即與社區的互動和對社會的貢獻；讓藝術離開其無目性、美學的無利害性，不再與社會脈動隔絕，走出象牙塔，貼近社區文化，進入一個多元開放的大眾空間，直接面對日常生活與社會情境裏的各種批判性議題；改變了藝術家與觀賞者的關係，

將觀賞者的被動角色活化，深掘蘊含在民眾中的文化力量，以促進社區互動，創造集體回憶，使之有參與感；更重新解讀藝術與城市、藝術與社會的美學關係。

⊙　社群藝術的早期國際案例

早期，社群藝術在不同國家擁有不同的命名，但是其基本的核心價值都是一致的，包括關注社會議題、透過集體創作表達對社會的關懷、促進不同社群間的對話等。它的公共性有助建立一個與社群對話的平台，踐行「關係美學」價值。因此社群藝術又被譽為「關係美學藝術」、「合作式藝術」、「社會參與式藝術」、「對話式藝術」或「公共藝術」等，應不同環境文化特色發揮不同的功能性。

從 1970 至 1980 年代的英國，約有百多個社區藝術組織在威爾士、蘇格蘭、英格蘭和北愛爾蘭的主要城市和工業區成立，社區藝術不僅是一種城市現象，而且在農村、小鎮和村莊等遍地開花，形成一種當代文學和民主文化的運動。這股浪潮顯然引起全球化的蝴蝶效應，它不僅是英國的現象，也在歐洲、美國、加拿大、澳大利亞和亞洲，掀起一種讓藝術介入社會議題、美化治療社區和重塑社會和諧的社區藝術運動。

・英國首個社群藝術扶貧計劃

英國以「社區藝術」（Community Art）來強調社區藝術的多樣性，專指視覺藝術領域中的「社區藝術」，其重點是藝術作品必須以未完成的形式到達參與者手中，以清楚記錄他們參與的過程。這過程成功引發了不同社群的對話，使社區居民參與到藝

117

術家的創作過程當中，從而建立社區群體之間更牢固的聯繫，增強對社區的認同感。

上世紀 70 年代，英國首個「社區藝術」是扶貧壁畫慈善計劃，社區藝術家（Community Artists）希望在貧困社區推廣與居民「對話」的多元化藝術活動，並向政府申請資金運營。藝術家與當地的團體合作，製作社區壁畫，美化他們居住的環境。實際上，他們認為壁畫是一種聲明，鼓勵人們主動參與裝飾他們居住的環境，並留下自己的印記，此活動引起社區內正面的回應和支持。社區藝術家的角色就是進入貧困的社區履行社會責任，解決貧困的社會根源問題。

· 美國「愛滋病紀念棉被」獲諾貝爾和平獎提名

在美國，保羅·埃爾格拉（Pablo Helguera）以學術研究的觀點，認為「社群藝術」是一種社會實踐的「社會參與藝術」（Social engaged art practice），他稱參與策劃項目的藝術家為「社會參與藝術家」（Social-Practice Artist），是觀念歷程藝術的範疇，現今逐漸透過學術文獻的散播，成為大學藝術系的一門研究課題。

美國最具代表性的社會參與藝術項目「愛滋病紀念棉被」（AIDS Memorial Quilt），是世界愛滋病最明顯的標誌。這是一張記錄了 92,000 多個因愛滋病喪生人士姓名的巨大棉被，死者的姓名被朋友和家人一針一線地縫在被子上面。這張棉被重達 54 噸，是目前世界上最大型的社會參與藝術專案，定期在全世界巡迴展覽。

1987 年,「愛滋病紀念棉被」首次在華盛頓特區的國家購物中心展出,由名人、政治家、死者家人、情人和朋友高聲朗讀棉被上的喪生者姓名,這是每一次棉被展覽的傳統環節。在世界衛生組織的資助下,「愛滋病紀念棉被」召集人前往八個國家,在六大洲同步播放展覽,以紀念第一個世界愛滋病日。此項目於 1989 年獲得諾貝爾和平獎提名,以表彰其全球影響力。

· 美國「加州的長城」

藝術家朱迪思 · F · 巴卡(Judith F. Baca,生於 1946 年)以「關係藝術」的形式,創作了世界上最長的壁畫「加州的長城」(Great Wall of Los Angels),將近 762 米長的壁畫描述了加州的歷史。這是一幅集體創作的結晶,透過藝術介入社群,促進了藝術家與社區民眾的持續性會面。巴卡強調少數族裔在加州歷史中的重要角色,其中包括在大蕭條時期對墨西哥裔美國人的驅逐,以及二戰時期對日裔美國人的拘禁等歷史事件。此創作概念激發了成百上千位年輕人的民主意識和使命感,當中包括職業藝術家,共同創作和彩繪這幅社群壁畫。馬塞爾 · 杜尚(Marcel Duchamp)對藝術的一個顛覆性理論:藝術家只完成了創作過程一部分,剩下的過程該由觀眾來完成,共同創作更令人關注,更富有原創性,也更忠實於生活,故人性本質就是社會關係的集合。換句話說,藝術家本是應與社會有聯繫的。

· 加拿大「社群參與式」項目:馬賽克溪公園

格蘭維伍德蘭(Grandview Woodlands)位於溫哥華東區,是哥倫比亞省一個低收入、種族多樣的社區,擁有大量移民和藝術家。1993 年,一群來自格蘭維伍德蘭社區的藝術家、設計師和

居民，意識到溫哥華是最缺乏公園的居住地區之一，於是他們聚集在一起，圍繞「可持續性」這一主題開展公園研究和工作。當落實了詳細的計劃方案和整體公園規劃後，他們開始籌款，並獲得資金啟動項目。超過 500 名社區成員參與這項藝術計劃，在專業藝術家的帶領下，共同參與創作和構思。他們推薦用不同顏色的馬賽克，象徵性拼成水的形態，形成一條穿過公園的小溪形狀。對於社區成員來說，這是搭建一個共同參與的平台，讓他們可以親力親為，為社區公園做出綿力貢獻。馬賽克藝術家們帶領四歲到高年級的社區成員，共同創作了大約 300 個馬賽克圖案，現在成了永久貫穿公園中心的馬賽克河。

⊙　社群藝術 VS 公共藝術

我曾不斷探討「社群藝術」與「公共藝術」（Public Art）的關係，以及兩者於公眾眼中的異同。

中國中央美術學院城市設計學院王中教授指出，「公共」一詞的詞義為「commonality」，有公共平民之意。「公共藝術」除了具有特殊的藝術價值外，更重要的文化價值在於它的「公共性」。同時，公共藝術的形式和載體雖然豐富多元，但是當代公共藝術更重視其文化屬性，強調「發生」的過程，而且非常重視與公眾的「對話」。而「社群藝術」的特色就是透過藝術為載體，與社區民眾產生「集體對話」的共同創作過程。

於我而言，社群藝術是公共藝術的一種嶄新表達方式，兩者都注重「公共性」、「與大眾的對話」和體現「人文精神」的價值。公共藝術將「公共」、「大眾」與「藝術」結合成特殊的領域，給人們創造藝術化和精神化的共享環境。其中藝術作品的「公

共性」牽涉到哲學觀念、社會價值、城市形象、都市文化、產業經濟等諸多社會思想的解讀。

社群藝術的「公共性」、「社會參與性」和「社群參與」特質，從當代藝術發展的角度來看，是在一個公共場域中與社區民眾共同創作與展出的關係，更廣泛的關注社會脈絡，與人群建立對話、理解、聯繫的橋樑，也就產生了介入及直接面對公眾的公共性。同時，它使藝術家們重新扮演共同創造者和促進者的角色。我透過連串的社群藝術活動，開發了「藝術介入公眾空間」和「藝術介入社區」，例如「鄉情畫意」鄉郊彩繪計劃，帶動全港 27 條鄉村的居民積極參與集體創作；同時強調以「和諧和美善」為出發點的社區營造，所以我強調「社群藝術」有效推動美育。

⊙　關係美學對社群藝術的啟發

社群藝術是一種「關係藝術」，即藝術家透過作品，邀請觀眾共同參與創作過程，並與之建立一個關係的平台。其藝術觀念強調的，非理論的探討與材質的創作，而是關係及社會脈絡構組，藝術家是這個關係平台的觸媒（Catalyst）。

法國藝評家兼策展人尼古拉斯‧伯瑞奧德（Nicolas Bourriaud）在他 1998 年所著的《關係美學》一書中，首次提出「關係美學」（Relational Aesthetics）的概念：一種開放性對話，以人的關係與其社會脈絡為理論與實踐之出發點的藝術創作。他指出，隨著二次世界大戰後的全面都市化，交通網的開發和電訊發展，促進社會交流的大幅增長。加上都市中的居住空間面臨壓縮，並不是每個人都有足夠的空間，收藏貴族形象的藝術作品。因

此，藝術品的功能與呈現模式，正在逐漸演變成更都市化，就像城市作為集結「會面狀態」的空間。這個時代的藝術家們不再熱衷於重複過往的形式，而是嘗試孕育一種以建立關係為目標的藝術形式，它的誕生將顛覆現代藝術的美學、文化和政治，描繪一種新的社會學面貌，建立一種新世界的都市文化。關係藝術將像中介一樣，促進人類與社會脈絡互動，創造一種新型的人類關係空間。

伯瑞奧德舉了一個有趣的關係藝術例子，指出丹麥當代概念藝術家延斯·哈寧（Jens Hanning），正嘗試製造一個「微型社群」會面狀態。哈寧拒絕康德美學把藝術純以視覺為中心的概念，他錄製了一段歐洲土耳其移民用母語講笑話的錄音，通過奧斯陸（挪威首都）和哥本哈根（丹麥首都）一根燈柱上的揚聲機播放。在接下來的幾年裏，哈寧在歐洲各個城市重複播放了這段笑話，企圖在移民社區中大膽地創造一種集體性、民族性的歡樂感！有趣的是當土耳其移民們聽到笑話時，笑聲將他們與公共場所其他的移民聯繫在一起，哈寧成功使用純音訊來創造一種民族性的關係體驗，同時也將其他聽不懂笑話的路人排除在外。換句話說，在那個瞬間，街道上被擁有濃厚土耳其文化的「微型社群」所支配。

關係藝術以各種不同的形式存在，並不構成任何一種藝術理論，而是一種形式理論。何謂一種形式？那就是創造一種持續性會面，即藝術介入社群，促進人與人、人與空間、人與藝術作品和人與環境的文化脈絡建立關係。

我認為藝術不單在於誘發美感，更最要是把和諧建立在個人心中，至於關係美學如何啟發我對社群藝術的革新，且看：

．60 年代後期，普普藝術（Pop art）及觀念藝術的興起，挑戰傳統藝術生產的模式，認為藝術必須離開其隔絕與孤立的角色，進入到日常生活以及人群當中。

．70 年代，社區心理學的興起，關注個人與其社區、社會之間的相互關係，以有效提升個人安適度、追求個人與家庭的幸福、社區與社會的生活品質等，認為社群藝術有助於建立社區意識及歸屬感。

．80 年代，藝術介入到社區的不同層面，社群藝術在西方社會興起。

．90 年代初，社群藝術進入香港，主要以服務弱勢社群或治療病患為目標。

．千禧年至今，我們透過「社群藝術實踐美育」的新概念，廣泛運用到下列主題中，包括社區美化、城市營銷、鄉情畫意、共融文化，透過藝術的創意教育、數字藝術、青年創新創業等形態整合，成為一種本土社群文化意識形態，造福社會的同時，進入中國內地鬆土撒種。

社群美育遍地開花

2013-2017

步入 60 歲，曾經擁有幸福美滿的婚姻和事業的我，感覺仍像一位矯健的年輕人，精力充沛，健步如飛，心靈富足。根據聯合國世界衛生組織對全球人體素質和平均壽命進行測定，在新的年齡段劃分標準中，60 歲還算是「年輕」的老人！我在思考，我的人生是否已經完成了藝術的使命？還有什麼能賦予生命更大的價值與意義？結果，我覺悟到藝術不單在於誘發美感，更重要是把和諧栽種在民眾心中。

⊙ 城市美學實踐

我在香港推動「社群藝術」的初期，由於「Community」在英文中單指某一個社區或人群，為避免落入地區性的狹隘定義，故翻譯為「社群藝術」，強調是以「社群為本」參與性的公共藝術，和以社群治療性為目標的藝術活動。中國近代偉大教育家蔡元培把德國美學家席勒（Friedrich Schiller）提出的「Ästhetische Erziehung」翻譯成「美育」。因此，早期旅加時我已提出以「社群藝術推動美育」的新概念，命名「社群美育」。

此外，我綜合深耕藝術、廣告設計和藝術教育領域 30 多年的經驗，同時又吸收外國的案例精華，漸漸融會貫通，設計出一套嶄新且適合中華文化的「社群美育」模式。它像欣賞和鑑定一顆璀璨的鑽石一樣，擁有 7C 標準，即社群參與藝術（Community-engaged Art）、公共性（Commonality）、創意教育（Creative-Education）、參與協助式設計（Co-Participatory-Design）、文化共融（Cultural Inclusion）、社區關係美學（Community-Relational Aesthetics）和中國文化傳承和創新（Chinese Cultural Heritage and Innovation）。而這套獨特的教育模式，產生多元化的功能性，包括：推動社會與家庭和諧、城

市美學實踐、激活老化的社區、重塑社區性格、預防勝於治療、僕人領袖培育、促進社區多元文化共融、視覺化本土歷史特色、傳承創新中國文化和社群數字藝術。讓社群藝術的創作展開多向度、跨領域的軸線，催化觸媒建立一個與多元文化社群溝通的對話平台，創意地讓參與者提升內化感知力，建構正面世界觀，共同創造和諧社區文化。

而「社群美育」的核心價值觀，就是透過藝術建立「和諧美善」的社區。「和諧」是指中國古人在長期社會實踐中逐漸意識到的人與自然、人與社會、人與人之間相互依存的一種理想狀態，是萬物生生不息、繁榮發展的內在依據。以「和」為本的宇宙觀，以「和」為善的倫理觀，以「和」為美的藝術觀，共同構成了中國文化核心價值觀。「和諧」是東方思想世界中多元共存的指標。因此，社群美育觀的「和諧」，要融合到東方寶貴的文化精髓裏，通過多元化創作和教育造福大眾。

因此，我們滿懷熱忱在香港開始了一系列跨領域、多元化的社群藝術實踐美育的計劃，與政府各部門及商界合作，分別以裝置藝術、樓梯畫、3D 壁畫和地畫、社群數字藝術等粉飾社區，來打造香港成為美善和諧之都。

·藝術在醫院

早於 80 年代後期，積極關注弱勢社群的梁以瑚女士成立「園泉基督徒藝術家團契」（後稱「園泉」），邀請我做「園泉」的副主席，並在白石羈留中心開展「越營藝穗計劃」，與志同道合的藝術工作者共同以社群藝術的觀念，為來自越南的船民組織不同類型的藝術活動。1989 年，我們在九龍塘成立基督徒藝術中心，並於 2008 年舉辦「越營藝穗」展覽，展出船民創作的藝術品。

沙田威爾斯親王醫院壁畫

1994 年 4 月 1 至 5 日，為期共五天的復活節假期，由梁以瑚女士、何慶基先生和「園泉」共同發起了本港首個以「社群藝術」壁畫提倡「藝術治療」概念的活動——「藝術在醫院」。該活動中，我以「園泉」副主席身份，帶領了 170 名藝術及設計系學生、藝術愛好者、病人和病人家屬等，共同為威爾斯親王醫院的放射治療部，彩繪富有生命氣息的壁畫，期望以繽紛色彩注入對生命的希望，以疏緩和安撫患者的情緒，達到藝術療育的效果。當時我們分成五組，合共完成 186 幅壁畫。自此之後「藝術在醫院」組織了不同形式的治療藝術專案，拉近醫護人員、社會服務人員、工作人員、患者和藝術家之間的關係，並在 2003 年註冊為非牟利慈善團體。

葵涌醫院壁畫

·「愛與恕」社群美育計劃

2012 年，在香港，家庭失和問題既削弱家庭凝聚力，亦阻礙到家長對子女的關顧及支援。當時，社會福利署荃灣和葵青區福利專員林定楓先生邀請我，共同幫助迷失沮喪的香港青少年。這深深地觸摸到我的心，如果在年少時，有人能夠幫助我脫離黑社會的圈子，我也不至於在黑暗中掙扎，以至荒廢了學業和光陰。我感受到內在有一種極深的渴慕和使命感，於是在林專員全力支持下，我與荃灣及葵青區社會福利署在 2012 至 2014 年共同策劃「愛與恕」項目，透過大型社群藝術計劃和美育課程，提倡以親子教育和家庭運動的方式，宣揚愛惜自己及家人，互相關懷，建立和諧家庭和社區的正向價值觀。我深信當愛與恕的種子在青少年的心裏生根發芽，就會結出喜樂良善和諧的果子。

此社群美育專案，包括一連串壁畫、地畫、《心愛橋》、《好爸爸讓孩子起飛》等藝術裝置活動，總共動員荃灣和葵青區 20 間中小學和幼稚園，超過 2,800 名學生參與；還有民政事務處、康樂及文化事務處、商界、社區內不同單位、校長、教師、家長和年輕人，透過藝術建立一個與社區民眾互相溝通對話的平台，將互愛、寬恕、包容等美好的價值觀，播種在下一代心中，體現出「社群藝術」更深層的和諧美。

·推動社會和諧：《愛心樹》壁畫裝置藝術

「愛與恕」的啟動項目，是運用荃灣首幅「讓青少年出黑暗入光明」的社群壁畫發展成的《愛心樹》藝術裝置。這幅社群壁畫裝置藝術，由我帶領廖寶珊紀念書院 30 多位同學共同創作草稿及彩繪，將埋怨、憤恨、發怒和犯罪等不良行為比喻為黑暗牢籠，困著年輕的心。而熱心人士為推動親子互愛文化，發起「愛與恕」正向教育計劃，好比壁畫中央那棵愛心大樹，其飄落的

荃灣大河道雅麗珊社區中心壁畫

心形種子慢慢融化牢籠的鐵欄杆，象徵關愛能打破怨恨的枷鎖，讓青年人走向和諧光明的世界。因此，人與人之間能重建愛的信任，修復破碎的家庭關係，在遊樂園共度快樂時光。帶著「愛心種子」的樹枝，以立體裝置的形式在屋頂延伸，寓意愛心於社區內散播，接著「愛心種子」飄至荃灣潮州公學、海壩街官立小學和葵興林士德體育館的外牆壁畫，以表達「愛與恕」的正向價值傳遞至各區，祈盼人與人彼此接納和關愛，共建和諧社區。

·推動家庭和諧：《心愛橋》社群裝置藝術

「愛心種子」又飄至荃灣的行人天橋，衍生成為向媽媽致敬的《心愛橋》社群環境藝術。從來沒有人定義「媽媽」是一位偉大的「總幹事」（CEO），她經營的項目就是孕育嬰兒，撫養孩子們成為品學兼優的人，付出無條件的愛和歸屬感等。回到現實，香港的媽媽「壓力爆煲」，身兼多職，既要面對子女教育問題，同時亦要承受工作壓力。尤其單親媽媽，除了要面對失婚或喪偶的事實，更要面對嚴苛的經濟問題，她們獨自挑起家計的重擔，同時承受著身心的疲憊與煎熬。

當時，我們邀請荃葵青區 15 間小學和幼稚園的兒童，集體製作「心形畫」，學習向媽媽表達關愛，讓孩子們記得「疼媽媽多一點」。接著我們收集到 2,600 個給媽媽的心，透過心形畫裝置，連接荃灣市中心和荃灣西的行人天橋。在母親節，我們鼓勵媽媽們帶著孩子一起到「心愛橋」，尋找自己創作的那顆「愛心」，製造溫馨天倫之樂的情節，不僅把「愛心」和尊重獻給媽媽，更讓媽媽感受到社群支持的情感力量！

‧推動家庭和諧：《好爸爸讓孩子起飛》社群裝置藝術

當我剛成立「靈美創意培育基金」時，在一次藝術教育的講座上認識了一位年輕人，她也曾經歷父親因忙碌的工作，而無暇關注她的成長。這種缺乏父愛的困擾，反而給她靈感和動力，想透過兒童藝術教育，呼籲大家關注爸爸缺失的社會問題。她希望透過放風箏來連繫父親與孩子的關係，並在柏麗灣的基慧小學開設暑假班。她鼓勵孩子們想像爸爸們都是「超級英雄」，並把他們的形象畫在風箏上，在孩子心中重建「好爸爸」的形象。此外，她將照顧孩子日常起居的媽媽比喻成風箏的線轆。她說：「再華麗的風箏也需要一股強而有力的風才能起飛，因此鼓勵爸爸們做一股能讓自己的孩子展翅高飛的風。」

於是，我們運用「風箏」這個親子概念，把活動命名為「好爸爸讓孩子起飛」，在 6 月 29 日邀請 1,000 個家庭，由爸爸帶著媽媽和小朋友一起，來到荃灣海濱花園，集體透過放風箏的行動，公開承諾一生成為「好爸爸」，寓意父親的支持和陪伴能讓子女展翅高飛。1,700 隻風箏組成大型的社群藝術裝置作品，同年 7 至 9 月期間展覽於荃灣公園海旁，傳揚正能量訊息，推動家庭和諧和「好爸爸」文化。希望透過這個社群藝術活動，把「好爸爸」的訊息帶給每一個家庭，讓「好爸爸」運動在香港逐漸展開。

而這位共同推動項目的年輕人王丹媚，不僅擁有與生俱來的藝術創作潛能、不畏懼自己過往的經歷和積極面對人生的態度，更難得的是那種想透過藝術來服務社會的高尚品質。後來，她在「靈美」擔任創意總監，並成為我的合夥人至今，忠誠服務了十年，與我同心協力將社群美育推廣至中國內地。

「好爸爸，讓孩子起飛」裝置藝術及起動禮

荃灣大河道三條樓梯畫

・重塑社區性格：《畫出正能量》階梯畫

針對荃灣青少年因家庭失和而產生叛逆、迷惘等問題，曾經因誤入歧途而迷失在黑暗中的我，更想鼓勵現今的年輕人「順勢而下」、「逆流而上」和「攀越高峰」。「順勢而下」是我很想與青少年分享的觀點，同時也是與過去迷惘的我對話：「在面對困境時，不妨想像困境像鋪天蓋地的滑雪場，而年少的我們的優勢，是像塊滑雪板一樣充滿冒險和探索的精神，順勢而下，不要逆勢而行」。我們將荃灣路德圍的階梯搖身一變成為滑雪道，市民與遊客只要在畫了滑雪板的位置上拍照，便如同置身雪場，體驗立體畫的趣味。

於荃灣大河道的「逆流而上」，彩繪了一群三文魚媽媽冒著洪流及被大灰熊獵食的生命危險，也要逆流而上到上游產卵，為的是讓下一代能茁壯成長。這不但表現出她們的堅毅，更重要的是為培育下一代而甘願犧牲的精神。我衷心地希望青少年在人生道路上堅毅不屈地向前走，就像我的人生直到 24 歲才開始經歷翻轉，但我也不放棄自己，努力追夢實現人生價值。我悟到一個真理，只要心存感恩和正面思考，即使遇到風浪，內心都能平靜安穩，面對現實，不會驚慌失措。要相信自己不是一座孤島，有父母、親人、良師益友以及社會支援，在後方給予無私守護。

同樣在大河道的「攀越高峰」，彩繪一群年輕人正在竭盡全力地攀登高山，當中險阻重重，有如人生一個個的挑戰；繩索則好比面對難關時的支援。我最後想借此階梯畫，勉勵青少年在遇到困難時可尋求正確支援，鼓起積極面對現實的勇氣和培養解決問題的能力，從而促使自己釋放內在的潛能，勇敢地抬起頭向著陽光，接納自己，接受發生在生命的一切，不抱怨，忘記背後，努力向著標竿奔跑。

⊙ 社群美育計劃

「愛與恕」社群計劃在荃灣區掀起了一陣新熱潮，為社區重塑新的身份認同，和期望以藝術來轉化青少年的世界觀、價值觀和人生觀。能夠透過社群藝術對社區進行正向療育，讓我倍感慰藉。藝術設計如同設計人生一樣，享受不受限的自主權，活出真正意義的美滿人生。當我將生命投入到這件有意義的事，讓我得到一份內在的富足感、歸宿感和幸福感。到了 2015 年，本人做為藝術家、策展人，深耕構思了一套全面性的社群美育計劃，在藝術創作和主題性規劃上，思索如何將「美」、「善」、「和諧」等正能量的價值觀融入到我成長的城市中。

·香港·美善之都

「香港·美善之都」（Beautiful Hong Kong）的整體規劃是透過城市美化來優化城市形象，從而營造城市氣質。藝術作品的內容是體現城市的內在品質和文化內涵，以提升城市功能和活力。在社區中結合街道的具體特點，統一規劃設計風格，深掘本港社區文化特色，打造具有氣息的文化街、網紅打卡地。過程以「社群參與同樂」的形式進行，全方位提升香港市民的藝術意識和水平，創造出良性的藝術生態環境，讓藝術進入社區，與社區產生聯繫，從而增強本港群眾的幸福感、獲得感和歸屬感。我帶領藝術系的大專生、中小學生和藝術學術領域的導師，共同參與創作和彩繪。

這計劃打造一系列主題性 3D 寫實主義創作，包括四大美學專案：
第一·「畫出正能量」：透過壁畫、梯畫及地畫，以特定主題帶出和諧之都的訊息。
第二·「城市綠洲」：階梯美化，在社區街道上創作 3D 互動階

梯畫，創造趣味性的網紅打卡點。

第三‧「水墨階梯」：階梯美化，在繁忙鬧市中的階梯上創作虛靜安寧的中國水墨畫，激活老化的社區。

第四‧「音樂飄飄」：糅合藝術和音樂，將彩繪的鋼琴擺放在商場、酒店、大學、醫院和香港機場等地點，讓市民大眾零距離接觸藝術及隨意彈奏彩繪鋼琴，使藝術及音樂在社區能得以普及。

‧音樂飄飄

歡迎熱愛音樂的人士自由彈奏，結合藝術、音樂與社區，實踐「城市美學」理念。2015 年初，時任民政事務局副局長許曉暉女士與我攜手推動彩繪鋼琴計劃，並與藝術界、音樂界、商界及社區人士深度合作，在荃灣愉景新城舉行「美善之都」啟動典禮，由許曉暉女士擔任主禮嘉賓，為計劃揭幕。本人帶領團隊，分別完成創作及彩繪 12 部鋼琴。很感謝徐莉太平紳士支持「音樂飄飄」活動，成立香港悠揚文化藝術基金，協助管理和推廣彩繪鋼琴項目，並贊助藝術家彩繪的資金；亦感謝通利琴行總裁李敬天先生率先捐出 12 部鋼琴來支持本活動。同時，感謝大會邀請了本港 12 位著名鋼琴家包括羅乃新、鄭慧、陳思捷、康子妮、徐偉賢等，首次同台彈奏曲子，啟動本次活動。之後，彩繪鋼琴分別在香港不同地區進行巡迴展出，包括石硤尾賽馬會創意藝術中心、尖沙咀 K11 商場等，與大眾分享悠揚音樂。

另外，適逢香港文化中心成立 25 週年，中心收藏本人設計的一部鋼琴，以浪漫時期聖桑（Charles Camille Saint-Saens）的音樂曲目《動物狂歡節》為彩繪的概念，運用圖像化表達出聖桑以各種樂器來模擬動物的聲音與神情，親切而可愛。本鋼琴作品就是將第 14 首《終曲》的所有動物相聚一起，像一場熱鬧

的喜宴呈現在觀眾眼前。有一天，一對在文化中心舉行婚禮的情侶，新娘情不自禁彈奏這部彩繪鋼琴，向愛人表白出綿綿不斷的情意，感恩終於譜出愛情的樂章。這部充滿歡樂的鋼琴，神奇地讓一位有表演恐懼症的男孩子，在公眾地方自得其樂地彈奏起來，瞬間療癒。

另一部深受眾多鋼琴家們喜愛的彩繪鋼琴，是一部表達法國印象樂派作曲家德布西（Claude Achille Debussy）的作品，他一生追求無拘無束的作曲手法，善用想像力描繪自然風景。而莫內是印象主義的法國畫家，他喜好以一種不加琢磨的手法來呈現他一生追求燦爛華美的光。法國人的浪漫情懷在這兩位大師的作品中表露無遺。青年藝術家王丹媚沉醉於他們這種自由、熱情追求夢想的激情，故創作此藝術作品，嘗試以印象主義描繪德布西的音樂，驚嘆大自然的美妙。《眾水不能熄滅愛情》是她的另一部表達愛之旋律的作品。

・城市綠洲

「音樂飄飄」計劃廣受香港市民的喜愛，香港九龍社團聯會社會服務基金主席高寶齡女士鼓勵本人再接再厲的創作，讓「美學」散佈在油尖旺區，發揚「以人為本」的精神，活化舊區，重塑社區性格。油尖旺區屬九龍半島最早開發的地區，經歷了一個多世紀的發展，尖沙咀現時已成為著名的商業、購物、旅遊、康樂和文化中心，油麻地卻保留大量昔日情懷的色彩。

我環視位於「石屎森林」中的九龍公園，不禁懷念我居住在加拿大溫哥華時，經常帶家人去史丹利公園，園內有美麗的海灣和巨大的樹木群，雁鴨和松鼠在草地上吃果子，還有真人大小的雕像等。另一個是在美國舊金山的金門公園，每年舉辦的「藍

草音樂節」，讓音樂飄至整個金門森林。愉悅的回憶讓我充滿靈感，我構思「城市綠洲」做為油尖旺三條階梯的主題概念，設計「提琴四重奏」和「天鵝湖」，分別活化位於柏麗大道九龍公園的兩條階梯。提琴的四重奏寓意尖沙咀多元化的社區特色，希望將北美公園的文化氣息與此地相交融，當中刻劃了著名華裔大提琴演奏者馬友友的形象，也是本人最喜歡的樂手之一；北美公園的湖裏，總會有一對對浪漫的天鵝在優雅的漫遊，我決定要將之「引流」到九龍公園，營造「城市綠洲」的氛圍。

另外，油麻地區內除了已評級的歷史建築，如舊油麻地戲院、果欄、油麻地警署、廣州騎樓式樓宇等；亦有不少富有地道特色的無形文化，如戲曲文化、涼茶舖、傳統裙褂的店舖等等，使油麻地在香港這個日新月異的繁忙城市中，散發著點點舊日的獨特情懷。在油麻地眾坊街，我延續「綠洲」概念。回憶起金門公園的溫室花園，它擁有從世界各地而來的熱帶稀有花朵和植物，這激發我的靈感想創造一朵「奇花」來寓意該區奇特的氣質，別具一格；同時也寓意香港特區是中國的一朵奇葩，中西合璧，耐人尋味。

這三幅大型立體階梯畫，我們帶領八間中小學校的學生和大專生過百人，以共創參與者的角色完成，共同履行本地市民對舊區活化的社會責任。在彩繪的過程中創造集體記憶，讓社群參與同樂的藝術介入公共空間，使公共階梯畫演變成為承載香港人記憶的媒介，有效引起港人睹物生情的思緒，在時間的醞釀下建立社區文化的身份認同，塑造獨特社區性格，讓「社群參與」的藝術深入民心，逐漸營造一種具本港特色的藝術意識形態。

143

・傳承創新中國文化：水墨階梯

2015 年，時任民政事務局副局長許曉暉女士見中國水墨畫正在亞洲急速發展，計劃推動香港成為「亞洲水墨之都」。於是，我提議製作水墨階梯，那是一項實驗性極高的創舉。數千年來，水墨畫只於室內展示和珍藏，今次我大膽地將它移至室外，讓大眾可以欣賞得到。因此，民政事務局全力支持我們首創的「水墨大師 x 階梯 x 創作」社群藝術實驗性計劃。

全港首條「水墨階梯」裱貼於饒宗頤文化館內，複製了國學大師饒宗頤教授的水墨作品《香遍三千大千世界》，將虛靜安寧的水墨畫融入日常生活的環境之中，創造平靜祥和的藝術。時任藝育菁英基金會主席方黃吉雯女士說：「『水墨階梯』將中國水墨帶入社區，讓繁忙的都市人，能夠近距離接觸欣賞水墨藝術和洗滌心靈，打破水墨畫給人遙不可及的印象，有助推動現代水墨在香港的發展，弘揚中華文化。」

當時，我為了保持水墨獨有的宣紙質感，令技術研發增添了難度。製作水墨階梯的材料，包括先進的膠漿、防水及防 UV 的保護物料、防滑保護油等。首批水墨階梯試驗性亮相，創新性美化社區階梯。可惜由於這項技術仍是試驗性，在人流旺盛和暴雨沖刷的樓梯上，不足夠對抗千百回的磨損，水墨畫只維持了較短的時間，但當時也引起一段勇於創新和打破傳統裱貼印象的佳話。

荔枝角饒宗頤文化館「水墨階梯」

‧促進社區多元共融：水陸墟大型 5D 地畫

在香港這個具備「全球城市」特徵的多元社會中，有不同族裔
的獨特文化特色，不少有才之士在這裏尋找機會，實現理想。
「多元共融」是香港最重要的本土核心價值之一。雖然目前香港
社會的新移民和少數族裔社群仍面對不少挑戰，作為香港一分
子，我們既在同一屋簷下，更應以包容共濟、互助互諒的精神
協助他們融入主流社群，以共建關愛共融社會，發揚香港多元
民族、文化共融的核心價值。

透過手機 AR 應用程式，可以觀看一些特別的動畫效果。

大埔水陸墟 5D 地畫

為捍衛這「多元共融」價值和精神面貌，消除偏見和歧視，由香港賽馬會贊助、靈美創意培育基金籌辦，在大埔海濱休閒生態水陸墟舉辦「同心同埔全城畫」大型 5D 地畫計劃。時任政務司司長的林鄭月娥到場致辭，認同此計劃一方面將藝術帶進社區，啟發青少年對藝術的興趣，另一方面促進各界共融，增加市民對社區的歸屬感，同時為社區增添無限的活力，實在別具意義。

在本人的指導下，這幅地畫集合了 20 位青年藝術家以及超過 200 多名市民，包括青少年、新移民、少數族裔及長者，每一筆線條、每一分顏色都是不同族群人士攜手努力的成果，以藝術做為媒介和平台，促進多元種族共同參與彩繪，提升對社區的歸屬感。當時這幅別開生面的 5D 地畫，不但是全港最大、最多人參與繪畫的，它亦體現了社群藝術「多元文化共融」的功能性。

我在 2016 年 AR 技術剛剛面世時，前衛創新，結合藝術與科技，首創「5D」地畫。什麼是 5D（Dimension，維度）地畫？這是我原創的一個術語。5D 地畫是在 3D 立體地畫的基礎上，配置實物擺設形成 4D，再加上 AR（Augmented Reality，擴張實境）技術效果成為 5D，借此創新創意，打造新的打卡地標。

水陸墟大型 5D 地畫的獨特之處，就是在一幅普通的 3D 地畫上加上實物（例如單車等）成為 4D 地畫，再與 AR 結合，升級成為 5D 效果，市民只需透過手機下載 App 程式，然後在指定位置拍照，即可啟動鏡頭內的虛擬 3D 動畫，拍攝到一張 5D AR 照片，互動十足。水陸墟位於大埔海濱公園海濱長廊盡頭公眾碼頭，不少社區團體在此舉辦活動，吸引市民和遊客前來打卡，令這個原本空置的碼頭「人氣」急升，成為新的熱門打卡點。

‧ 同夢同心慶回歸

2017 年，大埔民政事務處為慶祝香港回歸祖國 20 年，率先在區內開展一系列社群藝術活動，藉此提高大埔區的藝術氣息，提升區內居民的歸屬感，並委託本人做藝術顧問和社群活動策劃。

那一年 2 月，我們發起了大埔區「同夢同心慶回歸」大型社群藝術活動，邀請了大埔區內幼稚園、中小學及社區服務單位，動員約 6,000 位參與者包括學生、家庭、長者及復康人士等，進行社群創作活動，鼓勵各界人士共同彩繪對香港回歸祖國的未來期盼。

大埔共有七個社區，每個社區都有一所社區會堂，今次活動在
每個社區會堂製作一幅社群壁畫，每幅壁畫均以不同的藝術風
格來塑造該社區的文化特色，由該社區的學校、居民和藝術團
隊參與，共同彩繪而成。另外，我們在大埔廣福橋、太和橋及
寶鄉橋創作三個大型裝置藝術，每個以親子合作方式，創作
1,000 塊心形纖維板（每塊約 60cm x 60cm），用塑膠彩顏料彩
繪出我們這一代對香港未來的展望。

· 「鄉情畫意」鄉郊彩繪計劃

2018 年，新界鄉議局邀請我以社群藝術向公眾推廣新界傳統特色的建築、文化與習俗，同時為鄉郊增加藝術色彩。我小時候曾在屏山、洪水橋一帶生活，體驗過自由野孩子的快樂，亦了解到新界各村保存著許多富有鄉村特色的建築與傳統中國文化，非常樂意參與。因此，新界鄉議局聯同新界 27 鄉及香港賽馬會合辦「鄉情畫意」鄉郊彩繪計劃，我與靈美創意培育基金亦全力支持。

同年 11 月 5 日，首個項目在沙田石門鄉議局大樓起動，然後遍佈新界 27 鄉，透過壁畫讓旅客認識鄉郊有趣的文化習俗。截至 2023 年，已完成包括屯門、坑口、沙頭角、東涌、廈村、錦田

及荃灣的鄉村。為了讓壁畫能更貼近鄉郊的歷史文化及更具特色，彩繪計劃每次都舉辦壁畫創作坊，邀請鄉村長輩分享故事，並請村民、義工與學生在旁聆聽，汲取靈感創作畫稿，然後由畫家團隊帶領村民及馬會義工共同彩繪。預定完成全 27 鄉的壁畫之後，將會透過畫冊及視頻製作，向大眾展現香港新界鄉村的歷史故事。

鯉躍前海
飛躍龍門 2011 / 2016

我曾不斷探討社群藝術的公共性、社會參與性，和社群參與的
特質與公共藝術的關係。從當代藝術發展的角度來看，它是在
一個公共場域中與社區民眾共同創作與展出的關係，更廣泛地
關注社會脈絡和與人群建立對話、理解、聯繫的橋樑，也就產
生了介入及直接面對公眾的公共性。同時，它使藝術家們重新
扮演共同創造者和促進者的角色。

鯉魚旗，於我的社群美育人生中先後在 2011 和 2016 年兩次飄
揚，連結兩岸三地的文化情感，創造藝術公共平台，集眾生之
力，表達震撼性關愛，凝聚支持力量。鯉魚旗是中國「被遺忘」
的非物質文化遺產，「鯉躍龍門」的傳說比喻逆流前進，奮發向
上。傳承創新中國文化，也是社群藝術的核心價值之一，因此，
我想以鯉魚裝置藝術的專案，來與大家分享社群藝術的共同特
性對社會和公共藝術領域的影響力。

⊙ 鯉魚報平安 祝福日本災民

2011 年 3 月 11 日，日本福島發生九級大地震和海嘯，以致福
島第一核電站爐心熔毀，所引發的傷亡和核危機，是全球關注
的議題。日本的災民過百萬人被迫暫離家園，逃避災害、核輻
射及餘震的威脅。當時日本災民最需要的是來自各國的關愛、
支持和鼓勵。時任香港特首曾蔭權致函日本首相菅直人，向日
本人民和政府表達深切慰問及同情，特區政府願意向處於困難
時刻的日本人民，隨時提供一切所需協助。為響應特區的號召，
我接受當時的香港九龍社團聯會社會服務基金主席高寶齡女士
和民政事務局副局長許曉暉太平紳士邀請，創作「鯉魚報平安」
關愛及籌款社群藝術活動。

童年的我也遭遇過天災，15次搬家，顛沛流離的落難體驗讓我
對受難者的經歷感同身受。而如今成年的我可以為災區人民盡一
點綿力，讓我深深感悟到苦難的環境可以塑造人的品格，人性的
光輝是由苦難的火燄中提煉出來的。人生在世，無人能免於苦
痛，沒有人能一生一帆風順。患難會塑造忍耐的品格，愈遭遇苦
難，就愈有潛力建立堅強的意志力和高尚道德思想。

該活動由「九龍社團聯會社會服務基金──賽馬會鯉魚門創意
館」策劃，並聯同十個團體攜手舉辦。此次活動，取意於鯉魚
之特性：「逆流而上」，把具象徵意義的鯉魚旗和善款送到災區，
希望災區民眾不懼困難，勇敢面對，並祝願世界平安。我們又
鼓勵學生把心底裏的祝福寫在鯉魚旗上，從而學習關愛身邊不
幸的人，培養「愛心無國界，仁愛遍天下」的中國傳統美德，
這亦是國民教育一隅。

「鯉魚報平安」整個活動於 2011 年 4 月 5 日香港兒童節開始，首先由我創作代表一家四口的四支鯉魚旗，同時九龍地域校長聯會主席莫鳳儀女士呼籲接近 30 間九龍區的中、小、幼學校參與工作坊。5 月 5 日日本兒童節，由我帶領超過 100 位師生齊集奧海城，即場繪製鯉魚旗，雙手沾滿顏料，眾志成城，將日文祝福語化為繽紛的顏色繪於鯉魚旗上，獨一無二的愛心鯉魚旗合共 200 多條，連同我的四支鯉魚旗，即時移交給日本駐香港總領事高田真里，再由救世軍送到日本災區，掛在各避難所外，以作為激勵災民之用。

救世軍王國清委員說：「我被託付將首批鯉魚旗帶往災區，並將它們掛在女川町市的災民避難所外。災民們在領取救世軍為他們預備的熟食時，看見這些來自香港承載祝福的『鯉魚旗』，他們都感動不已！有一位婆婆更向鯉魚旗深深一鞠躬後，眼帶淚光的讀出旗上的祝福語，加上『祝福香港人民幸福！』的句語。」

2011 年 5 月 13 日，「鯉魚報平安」社群裝置藝術籌款活動，在鯉魚門海濱走廊舉辦了五天。鯉魚門是香港歷史悠久的原居民定居點，狹窄的海口成了優良的天然避風塘。關於鯉魚門命名的來源，大概是因為地形的緣故，該海峽像魚口一樣，而「門」字就指海峽。由於「鯉魚報平安」的活動與地區文化有所連結，所以不論是市民和商戶都十分支持，更成功為鯉魚門帶來人氣和文化氣息。

整個計劃共有 6,000 多位中小學學生和非牟利機構義工隊參與，他們在 15 天左右的時間，製作了近 7,000 多條鯉魚旗，於 5 月 13 至 15 日在鯉魚門海濱長廊懸掛，成為社群互動裝置藝術。善長仁翁可以透過我設計的釣魚竿，將心儀的鯉魚旗釣下來，以義賣方式將他們的愛心與關懷送到日本。此活動的最終一環，是鯉魚旗點算儀式，由黃龍德會計師主持，觀塘區陳振彬太平紳士見證下，有 6,478 條鯉魚旗在鯉魚門海濱飄揚，列入健力士世界紀錄。

⊙　鯉躍前海　共譜深港文化情誼

2016 年，由前海管理局主辦的「前海公共藝術季」，屬於第 12 屆文博會的專項活動，雲集國內外頂尖的藝術家、建築師、策展人、批評家、深港兩地的青年藝術家、建築師和青少年廣泛參與，旨在聚焦前海建設，種下藝術的種子。該活動被認為是「中國公共藝術時代來臨的標誌性文化事件」，重點是在公共藝術史上創造了三個第一次：第一次在城市未開始大規模建設時，就用公共藝術來定義城市性和公共性；第一次全面促成由建築師和多領域藝術家跨界合作公共藝術作品；第一次規定公共藝術品要具有功能性，必須是能夠使用、能夠參與的公共藝術品。

尤其是對於「特區中的特區」前海而言,讓公共藝術落地生根,建設有詩意未來的前海,社群的參與是必不可少的,這樣才能更加全面地體現「前海公共藝術季」的公共性和參與性。本次活動的總顧問栗憲庭先生在接受採訪時說:「希望公共藝術能夠真正成為中國城市未來建設的一個標竿,成為一個新的景觀,成為藝術調和現代城市人們焦慮的精神,把藝術還給城市,還給觀眾。這次公共藝術把藝術的實驗性多種方法展現,展示在公眾場所,與公眾互動,改變了公眾的審美趣味,這也是藝術!」

本人有榮幸受聯合策展人刁中的邀請,與徐建國和劉索拉成為此活動的重點藝術家。我策劃的「鯉躍前海」社群裝置藝術,發動了深港兩地中小學生和社區人士參與,共繪製 8,000 條鯉魚旗,裝置在前海的鯉魚門街內的主要道路兩旁。此項計劃旨在給深港合作的前海注入新鮮的文化活力,表達對前海飛躍未來的美好祝願和傳承創新中國文化。

本港中小學學生在本人的指導下,透過創意設計,重新在「鯉魚」身上加入新的文化元素,打破日本傳統鯉魚旗固有的設計和顏色。透過設計鯉魚身上的符號圖案,縫紉新的物料,以不同的中西方混合媒體進行彩繪,不僅讓學生認識了鯉魚旗盛載的中日傳統文化,更彩繪新的「鯉躍前海」的故事。

2016 年 5 月 7 日,「前海公共藝術季」系列活動之一「鯉躍前海——藝術學堂」成為了大眾關注的焦點,來自深港兩地的近百名小朋友共聚前海,進行了一次親密接觸,他們現場製作的「鯉躍前海」作品飄揚在前海深港合作區。

香港青年社群美育家王丹媚以講故事的啟發性教學,探索孩子眼中與眾不同的世界。她指出「飲啖茶,食個包」是香港人的本土飲食文化,同時也指交朋友的方式。她鼓勵香港學生透過「飲啖茶,食個包」的交友文化,帶同具本土特色的街頭小吃和飲料,例如咖喱魚蛋、雞蛋仔、砵仔糕、菠蘿包、維他奶和檸檬茶等,送給深圳的學生,拉近深港兩岸文化的距離,建立友好關係之餘,更透過一起創作有趣的食物與建築,寓意這些小孩子成為中國「鯉魚」,將來可攜手躍進前海,為國家貢獻才幹,共譜深港文化情誼。之後,在當地的鯉魚門區,飄揚著深港兩地的中小學生合力製作的 8,000 支鯉魚旗,代表港深兩地合作無界限,攜于協進。

前海管理局規建處張小妹副處長對於此次社群藝術計劃表示高度的認可,她指出這個活動的意義在於創業的未來,不僅是高新科技,更是創意和設計,而創意和設計的基礎,就是藝術。創意、設計和藝術是為大眾服務的,是參與的,這就是社群藝術的公共意義。

社群藝術漫遊中國

2017-2020

8,000 支鯉魚旗飛揚前海，在內地的公共藝術界大放異彩，以此為契機得到國內政商企的關注，邀請我們到當地城市推行社群美育文旅項目，讓我們的腳步踏遍中國多個省市，帶動社群藝術遍地開花。對我而言，這是一場撒播社群藝術種子的美育之旅。

⊙ 僕人領袖培育系列

·西安《圓夢橋》

2016 年 7 月 16 至 25 日，我受中國宋慶齡基金會和思爾豪國際教育基金會邀請，參與他們合辦的「陽光國際交流營」（Sunshine International Camp）。此營會是一項公益活動，於名城西安的西北工業大學（簡稱「西工大」）——中國唯一同時發展航空、航太、航海工程教育和科學研究的國家重點大學舉辦，旨在增進大學生的國際交流，培養他們的人際溝通與合作能力，增強其面對世界新發展時的領導力、適應能力和就業能力。而營會第八天的主題是「僕人式領袖」。

在接到邀請函後，我一直思考「僕人領導」的價值和意義。首先，僕人領導的概念由羅伯·格林理夫（Robert Greenleaf）於 1970 年提出：「領導的基礎不是權力，而是權威，權威是建立在愛、服務和犧牲基礎上」。當一位領導人願意像僕人般服侍他的下屬時，與他們建立關愛、尊重、信任、接納的關係，領導人就能獲得威信和影響力，同時激發下屬的最大的潛能、才能和創造力，為達到共同目標奮戰不懈。例如：孫中山也是一位出色的「僕人領袖」。

於我而言，一位僕人領袖是先有一個清晰的願景與夢想，透過自身的努力成為楷模，然後化身為一座「橋」，最後帶領整個團隊一起走過這座「橋」，實現共同的夢想。那我如何透過藝術來

西北工業大學啟真湖，「圓夢橋」便是在湖邊搭建。

讓營會的年輕人體驗到一位「僕人領袖」的精神呢？

在收集資料的過程中，我發現西安在 2016 年開始讓市民體驗智慧垃圾分類，但廚餘回收並未普及。廚餘屬於有機的廢棄物，如同農業有機廢棄物一樣，具有回收再利用的價值。於是，我靈機一動，為何不讓學生身體力行，透過回收廚餘、環保種植、廢物再創作來體驗擔當環保大使呢？另外，又如何透過參與具視覺效果及宣傳作用的「環保公共藝術」來活出「僕人領袖」的精神？

於是，我開始構思一個廚餘再利用策劃方案——「廚餘變美景」。以西工大的廚房做為試點，提早於兩個月前（即 5 月）透過大學的核心小組，從廚房收集廚餘，交到環保中心，製造肥沃的有機土壤及盆栽套裝，再由大學的學生認購、堆肥和種花，於指定時間把長成的花卉盆栽送到營會的藝術裝置展覽場地，預備好等待營會活動的開始。

終於到營會最後一天，「僕人式領袖」藝術活動正式開始，早上8 點，我們帶領來自清華、復旦、華南理工、北京大學等全國50 所重點大學的 380 名大學生領袖與 80 位國際義工，共同創作一座鮮花社群互動裝置藝術，命名《圓夢橋》。這些優秀的學生領袖很多都是首次拿起電鑽，去參與建造一座木橋的微工程，大家都感到興致勃勃。建橋後，大學生需要為橋上漆，和在橋面上畫上一片片綠色的樹葉，樹葉上寫上自己的姓名，聲明自己是這座橋的其中一位建造者。我看到這群朝氣蓬勃的莘莘學子是國家的棟樑，遠景一片光亮。而此作品的目的不僅要參與的學生領袖成為環保代言人，推動環保教育，更重要的是寓意一位「僕人領袖」需要化身成為一座「橋」，讓自己和團隊都可以共同完成人生的夢想。

最後，我安排大學生按照營會的分組，輪流站在「橋」上拍照。
我期望他們回到學校或是未來進入職場後，每當看到這張照片
便提醒自己活出「僕人領袖」的精神。交流營圓滿的落幕，這
群莘莘學子其中的 70 人，與我們朝著另一個營會「世傑青少年
交流營」出發，要將這十天在營會裏所學的本領，毫不保留地
傳授給另一群正等待熱烈歡迎他們的青少年。

·山西《掌上明珠》

從西安飛往山西太原機場後，我們乘坐大巴，浩浩蕩蕩向沁源
縣法中鄉馮村的博愛學校出發。經歷三個多小時車程，首先映
入眼簾的是該校引人注目的校訓「愛是永不止息」。當時，我很
想了解他們的故事，是用怎樣的一份「愛」來創辦這所學校？

美裔越南華僑陳海珠女士笑容可掬，前來迎接我和創意總監王
丹媚，並介紹同樣是華僑的丈夫陳國堅給我們認識，很快我們
四人便愉快地暢談起來。原來，大約在 17 年前，陳氏夫婦於一
個偶然的機會結識一位軍醫，他談起家鄉沁源縣農村的情況，
希望熱心公益的陳氏夫婦能幫忙做點事。陳海珠說：「哪裏有需
要就去哪裏。」她就真的離開了美國波特蘭的舒適生活圈，飛
過太平洋，千辛萬苦來到沁源縣。她的丈夫陳國堅是位著名的
眼科醫生，十分欣賞妻子的無私大愛，義不容辭為縣裏村民的
眼疾義診。而她就為當地學校修宿舍，買床鋪，改造廁所，辦
捐贈。後來，原書記李文明希望他們能捐助 15 萬蓋一間希望
小學。陳海珠深思熟慮後，突然從內心深處發出一股熱情，意
識到 15 萬只是蓋一個建築物，但缺乏軟件跟進。而真正實現國
家的素質教育，才是她想為這群農村貧困孩子做的事，她只要
求參與權。就這樣，15 萬投資慢慢變成幾千萬，她甚至還賣掉
北京五環的房子。她開玩笑地說：「人說日落西山，我是日落

山西了」。我們聽了這感人肺腑的故事，更燃起了對他們的敬佩
之情。

博愛學校是一所九年一貫制的全封閉寄宿學校，除了陳海珠女
士，還有香港博愛基金會和加拿大博愛會共同投資，並且由沁
源縣政府共同資助。該校教導師生「愛就是教育的真諦」，讓師
生發現愛，感受愛，傳遞愛，整所學校瀰漫著一股愛的芬芳氣
息。我與王丹媚一起商討，要如何透過社群藝術去向這裏的孩
子了表達一份濃厚的愛。聽了陳氏夫婦的故事，她也非常感動，
她說：「陳氏夫婦是這群貧困孩子的再生父母，把孩子們視為『掌
上明珠』，栽培他們如同己出。不如我們就創作一條立體樓梯
畫，把他們的博愛化為一雙溫暖的大手，以愛盛載孩子們，如
同璀璨明珠一般。」這是一個呼應校訓「愛是永不止息」的好
點子，而我想把這股「愛的芬芳」氣息化為一朵朵花卉，來守
護這雙溫暖的手。

於是，我們帶領博愛學校 230 個中學三年級的孩子們，以及來自西工大的 70 名學生領袖和國際義工，在「世傑青少年交流營」最後一天的時間，完成《掌上明珠》立體樓梯畫。場面十分溫馨又震撼，每一位學生都負責畫幾朵花卉，不僅代表他們是祖國未來的花朵，也是守護這份大愛的花朵之一。我記得當時發生了一件趣事，有一位孩子問王丹媚：「王老師，為什麼這雙手掌上沒有畫明珠呢？明珠在哪裏？」正在彩繪這雙大手的王丹媚，馬上放下手中的畫筆，對他說：「親愛的，你坐在這雙手掌的中間，我來為你拍張照片！」之後，她拿著手機拍的照片展示給那個孩子看，只見他露出純潔的笑容，不可思議地歡呼：「哇，原來我就是那顆『掌上明珠』啊！」然後，大家都捧腹大笑。陽光撒在這雙大手上，我們的心更倍感溫暖。閉幕禮時，我們集體站在這雙溫暖的大手和花叢中拍照，代表我們心連心，共同守護著這份對孩子們真摯的愛。

⊙ 四川文化考察

2018 年 1 月，四川省文化廳派員來香港與藝術文化界交流，「靈美創意培育基金」應邀參與其中。當時，我向他們分享歷年透過社群藝術推動美育的成果。翌日，我們受邀進行深入的訪談。他們認同我們的活動積極響應國家推動美育的政策，便邀請我們到四川，考察成都和藏、羌、彝少數民族文化。由於我在香港業務繁忙，分身不暇，故我派王丹媚做為我司代表，率先考察少數民族文化，之後我們在成都會合。據她匯報，每一個城市均有博物館館長和藏、羌、彝族的族長接待，陪同她了解當地的民俗風情、歷史文化。最後，四川省文化和旅遊廳轄下川港文化交流中心主任張旗先生邀請我們共同成立「四川萬益影視文化傳播有限公司」，並由著名作家兼詩人況璃先生負責營運，旨在將香港社群美育模式落地成都，結合天府人文特色，樹立美育示範區，運用連鎖品牌的商業運營模式，推動社群美育的發展。

· 考察洛帶古鎮

2018 年 2 月 11 日，我們到成都考察洛帶古鎮、長壽苑和玉林區，分享社群美育理念，展望共同打造創新活力精品街區，遵循國家的「一街一品一特色」原則，突出城市特色塑造。在洛帶鎮副鎮長李冰燕、社區教育中心主任譙宏的陪同下，我們走訪洛帶鎮各個老街社區。隨後在座談交流會上，我以具體專案分析社群美育對社區營造的優勢和功能性，譙主任表示，社群美育模式有助社區治理建設和啟動全民創意新活力。我們探討如何結合洛帶古鎮「最後的客家王國」的旅遊發展方向，在洛帶客家土樓前引進「天下客家，尋親洛帶」的專案，建立「家」文化宣傳基地，來吸引世界各地的客家華人同心創作「家故事」，成為聯繫海外親友的橋樑。

· 考察長壽苑

初次考察長壽苑社區，我就聽聞這個社區安居著很多過百歲的長壽老人，簡直是個養生的「人間天堂」。我的媽媽當年已是 92 歲的活躍老頑童，我祈盼與她分享百歲高齡的秘密。我突然回憶起王丹媚曾為我媽媽住的三甲老人院義務畫蝴蝶玻璃畫，親力親為，祝福老人院裏所有的長者，她的善良令人感動，故我相信她由心而發的創意定能為這社區的長者帶來福樂。當地的領導又跟我們分享，這社區的核心價值觀是「以人為本」，非常重視人與人之間的互助和諧關係，令長者們活得不亦樂乎。最後，我們共同創作，決定以「長壽文化」為主題，創作《活、孝、樂》、《樂在其中》、《萬壽山》、《長壽桿》、《喜樂橋》和《法治長廊》六個社群美育的作品，帶出長壽秘笈。

其中一個作品《萬壽山》的環保設計概念，是以社群形式邀請 5,000 名長壽苑的長者及親友，共同參與書法活動。在書法家

的指導下，每個人分別在兩個白色的塑料膠樽上寫上兩個「壽」字，一個祝福自己，另一個祝福本苑長者。計劃收集一萬個寫上「壽」字的塑料膠樽，組合成為一個四米高的巨型「壽」字山，運用編程，讓隱藏的燈光到夜晚時自動點亮，凝聚成為長壽苑的文化標誌。3 月 22 日，一場有意義的啟動儀式以「尋找成都記憶，打造人文地標」為主題，在火車南站街道長壽苑社區十街坊廣場舉行。長壽苑社區評選出了四位健康年長的代表作為社區的「長壽大使」，並在現場將長壽花種子贈送給嘉賓和社區居民，寓意著將「長壽文化」開遍成都的大街小巷。

·考察玉林街

4 月 12 日，我們興致勃勃地與況璃、張琪和玉林區書記一起到玉林街頭，該地區因一首流行曲《成都》而天下聞名。玉林是未來成都商業、生活、藝術發展的聚集地，建設玉林美學街區是玉林未來的發展方向。我們與玉林書記詳細探討社群藝術與街區文化的融合演進，培訓當地的團隊，複製成功的模式深耕此地。伴著冬日金黃滿枝的銀杏樹葉，我一邊走，一邊拍下特色小景，花開玉林，深深吸引著我：「在玉林能尋找到天府古城的記憶，久久回味。我看我很快就要成為玉林人了！」

作為中國作家協會會員，曾多次獲地方政府文學獎項的況璃，十分欣賞我們的美育理念，他建議我們共同編輯一本名為《社群美育》的書籍，配合國家政策推動美育。2019 年 9 月中，正當我們如火如荼開展工作時，卻面臨了一個惡耗。9 月 16 日下午，況璃因感冒入住華西醫院第三住院部十樓 98 床，當時他非常清醒，我們以為他很快就會出院。翌日，他突然被診斷有重症肺炎並導致呼吸衰竭，喪失意識無法溝通，很快便英年早逝。況璃是很支持我們的一位志同道合的好友，他尤其欣賞王丹媚

閒餘時寫的詩歌，讚賞她字裏行間有一股陰柔之美，婉約純淨；王丹媚失去這位伯樂與知音，也倍感憂傷。我們在極度悲痛難過之際，決定暫擱置業務。（而我們的心願也是以本書懷念這位永遠的朋友，感恩你曾陪伴和支持我們一起走過一段美好的路途，願你的靈魂安息，永享天堂的福樂。）

禍不單行，同年 12 月底，新冠肺炎在全國大爆發。我突然間感慨，「日光之下，跑得快的未必能得獎，強大的未必能得勝，智者未必得溫飽，聰明人未必有財富，博學者未必受愛戴，因為時機和境遇左右眾人。」

⊙ 傳承創新中國文化系列

・佛山《陶樂石灣》

2017 年，佛山市禪城區區長孔海文及區委常委杜梅率團赴香港春茗時，途經尖沙咀栢麗大道，看到三幅壯觀的樓梯畫，得知每日有二萬人的流量途經這裏，成為了一道「城市綠洲」的熱門打卡點。他問同行的佛山政協及僑領蘇祖耀博士：「蘇博士，這個城市美化的創意真是令人賞心悅目，你知道是誰策劃的嗎？」蘇博士回應：「他是我的一位好朋友林旭輝，他在香港策劃過很多大型美化項目，下次請他帶你們參觀他的更多作品。」後來，我很榮幸地與佛山文體旅遊局的局長做了深入的交流，並以「傳承創新嶺南文化」為核心，與王丹媚去到佛山參與禪城陶谷申辦特色小鎮的美化計劃。佛山從明清時期已經是「四大名鎮」之一，而我們熟悉的嶺南文化，包括粵劇、粵菜、功夫及陶藝都是在這裏孕育出來，而禪城更是佛山古鎮千年文化積澱的承載地。

要建設嶺南文脈之城，禪城有底蘊、有底氣，素有陶藝之鄉的美譽。2017 年 12 月 5 日，由中國陶谷工作指揮部主辦的「陶樂石灣」——全國首創的 5D 地畫社群美育——開幕儀式，在禪城區石灣青年創客人才公寓前舉行。石灣鎮街道辦事處主任吉江鴻和石灣海外聯誼會會長蘇祖耀等，領導嘉賓應邀出席開幕式，並參與地畫點睛儀式，超過百名市民參與了社群的互動分享體驗。

設在人才公寓門前的《陶樂石灣》5D 地畫，是在 3D 立體地畫的基礎上，配置孔雀陶瓷桌椅的實物形成 4D，再加上 AR 增強實境技術效果成為 5D。畫中透過超寫實 3D 技術，畫出陶瓷仿

木板地台、陶瓷瓦片、陶瓷橋，目的是要帶出石灣聞名世界的
工業陶瓷；實物的孔雀陶瓷桌椅屬於家居陶瓷；孔雀陶瓷船則
是裝飾性陶瓷，展現石灣陶文化。

最引人注目的是那艘由王丹媚設計的陶瓷孔雀船，她指出：「孔
雀是最善良、最聰明、最愛自由與和平的雀鳥，也是吉祥幸福
的象徵；陶瓷孔雀船既能體現人才的優美和智慧，亦寄意創業
人才濟濟，同舟共濟，更能讓遊人、情侶及親子拍攝遊玩。」

在開幕儀式當日，攝像頭將觀眾與 3D 畫和 AR 孔雀做的互動，
通過 LED 大熒幕直播呈現，展示了藝術結合科技的 5D 地畫形
式，使現場氣氛更為豐富。創作過程中，我們舉辦一系列社群
公益活動，由王丹媚帶領人才公寓的親子團和兩百位來自石灣
第三小學、第十四中學的家長學生，共同參與地畫的繪製公益
坊，建立一個以「關係」為美育的平台，啟發社區居民參與彩繪，
提升對社區的幸福感和歸屬感，凝聚社區意識。

透過手機 AR 應用程式，可以看到孔雀開屏的動畫效果。

．佛山《我愛嶺南家》

2018 年 6 月 23 日，佛山市文明旅遊、安全出行宣傳活動（禪城站）在禪城區鉑頓城舉行。禪城區文華公園立體地畫開筆儀式同步啟動，地畫佔地面積達 700 平方米，以禪城特色嶺南「家」文化為主題，將塑造佛山文化旅遊新地標。《我愛嶺南家》5D 互動地畫，深入挖掘具有嶺南文化特質的城市內涵，塑造佛山文化旅遊新地標，倡導家庭美德、個人品德等道德建設，弘揚優良傳統文化。我創新構思以過萬隻足印，以反透視創作的嶺南水墨立體地畫，足印代表世界各地的旅客來這裏留下文旅足跡。在視覺上，近看是「足印」，但遠觀像屋頂的「瓦片」，傳承創新嶺南水墨畫。將水墨畫帶入社區，美化城市環境，讓水墨畫更平易近人，加近與民眾的距離。

同時，另一間的科技團隊與我們合作，他們運用 AR 增強實景，讓觀眾從遊戲中學習嶺南文化，遊客拿出手機對著這幅嶺南水鄉地畫掃描，從手機中選擇一個按鍵，畫上的烏篷船演變成動

屋頂的瓦片放大後是一隻隻腳印

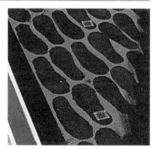

感船隻,帶遊客透過動畫效果來識別八組代表不同界別的嶺南文化房屋。八大界別包括嶺南武藝、教育文化、粵劇影視、嶺南美食、工商企業、嶺南陶藝、嶺南工藝和醫藥文化。另外,還可以透過 AR 體驗佛山春夏秋冬的景致,是一個創新性發展的賞讀。除了在文化內容和傳播手法的創新外,我們以社群藝術形式帶動學生走出校園,創作家庭的標誌和家族的故事,激勵兒童和青少年勤奮向上,活出嶺南家文化的價值和意義。

此外，2019 年 5 月 3 至 6 日，王丹媚原創的動漫角色「BOBOSS
波波仕」成為中國高鐵經濟帶旅遊博覽會暨第三屆佛山（禪城）
旅遊文化週的亮點之一。她以此角色代表大灣區的青年創業家，
更計劃與香港著名品牌「小黃鴨」合作，通過社群藝術的形式，
讓「BOBOSS 波波仕」陪同七萬隻中國原創的小黃鴨，從港珠
澳大橋開始，首站是佛山，帶著中國人的祝福走進「一帶一路」
的九個國家。可惜，2019 年底的疫情大爆發，讓我們暫擱了計劃。

‧廣州「潮牛祝福世界」

2021年，由廣州粵海「動漫星城」主辦，為實踐國家「十八大」
推動美育和環境保護政策的社會責任，我們帶領兩萬人於動
漫星城完成了「潮牛祝福世界」社群藝術，計劃共分成兩個
部分：《環保潮牛》裝置藝術及「跨文化共融——祝福世界」
公益坊。

先說由王丹媚策劃以「跨文化共融——祝福世界」為主題的公益坊，包括「創作潮牛學習國際語」、「親子潮牛」、「潮牛祝福學校」等。她邀請不同國籍的志願者來與本地學生互動交流，學習葡萄牙語、西班牙語、英語、俄語等的新年祝福語和認識世界文化。在短短十天的公益坊，她共培訓約 350 位志願者，分別來自廣州本地的初中生、高中生和大學生。他們每日向市民收集 1,500 至 2,000 個祝福語句，寫在環保罐子上。

在美育培訓中，她發現這些青少年在面對陌生人時相對害羞，那如何在短短的一小時培訓中，啟動他們內在的學習動機和好奇心，打破隔膜和害羞，在商場內與陌生人建立連結，傳遞愛和祝福？又如何讓各位志願者每日傳遞祝福給千多位陌生人呢？為了幫助他們迅速蛻變，丹媚帶領志願者通過節奏快而強的說唱（Hip Hop），激發內在的熱情和釋放真我。她還邀請來自美國的中美混血表演者到現場，帶動「至潮至酷」的

Beatboxing（節奏口技）氣氛！當中大約有九成的學生一致認同，將主題內容設計成說唱，配搭 Beatboxing 的背景節奏或用罐子敲擊節拍，除了幫助他們在玩樂中快速記憶活動的核心概念，提升記憶力、想像力、創造力和社會性等，更重要的是潮玩！

另一個深受志願者家長們歡迎的美育環節，是讓青少年們接觸來自世界各地的國際友人。丹媚特邀來自美國、英國、加拿大、巴西、秘魯、蘇格蘭、非洲的莫桑比克共和國、西班牙和哥倫比亞等地，生活在廣州的嘉賓們，讓青少年們能真實的在生活中與世界接軌，互動交流，開拓國際視野，是一次非常難得的生活體驗！而國際友人也表示能融入地道的本土藝術文化，透過「環保罐子」作為一個「跨文化共融」的載體，連結多國民族的心，強烈感受到社群藝術巨大無比的凝聚力量，共同攜手推動多元文化共融與和諧！

我們又收集約二萬個寫著祝福語的環保罐子，搭建成一隻巨大的紅色「環保潮牛」裝置。因為這年恰好是牛年，我以一隻動

漫的紅「牛」來祝賀牛氣沖天的一年，亦以「環保罐子」作為一個跨文化共融的載體，承載多國民族的祝福。

牛在十二生肖之中排名第二，十二生肖是中國曆法中計算年份的方式，把公元年號除以 12，餘數是 5 的年份都是牛年。中國人對牛感情深厚，把諸如憨厚勤勞、不求回報等優秀品質投射在牛身上，魯迅更以「俯首甘為孺子牛」言志。我們以創新創意傳承中國文化，祝願盛載萬個祝福的「環保潮牛」釋放強大的正能量，把跨文化共融的祝福灑向世界。

此外，我們在透過「環保罐子」向社區傳遞祝福的互動過程中，關注公共環保議題，增強對社區的認同感和參與感。就像愛迪生發明了鎢絲燈泡點亮全世界，我們帶領志願者團隊透過「環保罐子」祝福生命，點亮每一位參與者們的心。

為時代創新藝術

2021-2022

由 2016 年起，我一直穿梭於香港和內地多個城市，推動社群美育。後來，2020 年新冠疫情嚴峻，多個進行中的項目暫時擱置。直至 2021 年 5 月，我回港主持「鄉情畫意」收筆禮和擔任新鴻基地產住宅發展項目 NOVO LAND 藝術總監及策展人。適逢國內因疫情封關，我又感染新冠病毒，體會到生命的脆弱，感恩病癒恢復，重拾活力，故更為積極策劃更具前瞻性項目，與時俱進，跨領域擴展藝術境界。

⊙　預防勝於治療：凝聚民心，走出黑盒

2021 年 7 月，立法會議員梁美芬與 60 位來自不同界別的專業人士，聯合發起平台「凝聚民心」，修補因政見和社會事件造成的家庭撕裂。我懷著愛港心志，主動參與策劃該平台首個社群藝術工程。我們率先到深水埗舊區探訪劏房住戶，了解他們迫切的需要，安慰鼓勵並聆聽他們的心聲。8 月，透過親子壁畫創作坊，我與梁美芬博士帶領 100 個住在劏房的小朋友及家長共同創作，引導他們衝破內心絕望，大膽描繪出對未來的活潑盼望，重塑積極人生態度，將心聲透過畫筆渲洩出來，重建內在光明世界，激發正面療效。然後我們蒐集、整理所有草稿，經過專業的構圖製成一幅凝聚對未來集體心聲的畫稿。最後帶領團隊與他們共創社群壁畫，作為香港的一分子，有勇氣為自己的未來向社會發聲。

「社群美育」發揮社會心理學「預防勝於治療」的功能性，針對特定可能會出現問題的風險人群，例如住在劏房的小孩子，社群美育家詮譯著綜合性的角色，分別是藝術家、美育老師和藝術治療師。一位中二學生分享創作理念說，他在惡夢中曾逃離黑盒，誰不知夢醒後仍困在黑盒中，於是他畫了一個巨型黑盒

代表現正在住的劏房。因此，我決定將這幅壁畫命名為《走出黑盒》。

該社群藝術作品比喻劏房是一個巨型黑盒，描繪困在裏面的人都想騎魔法掃把逃離，自由飛翔。目前住在劏房的青少年表示，他們最需要的是一個能展望未來、改變命運的舞台，例如讓他們透過歌聲唱出人生盼望，去除無助感；或擁有奧運精神，成為冠軍級人馬。而孩童們則希望像抓住氣球一樣，抓緊未來夢想，這樣爸爸媽媽也能「開心到飛起」。作品中有三幢代表香港歷史的建築物，分別是能讓青少年展示藝術才華的中環藝穗會、大角咀特色舊樓，和具古典意大利建築特色的雷生春唐樓。最後，劏房居民們呼籲政府加快興建公屋，讓他們能搬遷到有利身心靈的健康社區。整幅作品以「彩虹」為亮點，是政府與市民「立約」的符號。展望香港徹底告別不適切的惡劣居所，讓

市民安家樂業，期待香港新景象！

因此，在社群藝術的創作中，社區居民即「社群」的參與，對社會是有影響力的，社區美化和改革與他們的切身利益相關，讓他們相信自己付出的努力是有價值的。社群藝術關注的是社會議題和居民的集體心聲，而美育則發揮以德樹人，建立正確的價值觀、人生觀和世界觀的功能。雙管齊下，更有助社區居民建設心理社區感、社會共識和凝聚力。

⊙　社會美育「萬人創」

2021 年 7 月，在平台「凝聚民心」的成立記者會中，發起人之一李文輝先生提出關注年輕人的理想，希望商界人士提供實踐機會。最後，我和他身體力行，斥資成立「萬人創」，是一個計劃資助一萬位年輕人創業的公益項目。李文輝是一位成功的商人，他感慨地說：「香港雖有幫助年輕人創業的基金和孵化基地等硬件，但創業失敗的例子多不勝數。」他認為年輕人創業需要有人去教導及鼓勵，不能單憑金錢資助。隨後，梁美芬和蘇祖耀加入我們，共同發起「萬人創」青年創業計劃，得到眾多

專業人士支持。旨在透過資深的跨行業、跨地域企業家,教導、鼓勵及帶領年輕人創業,以生命影響生命,促進香港青年與內地市場的融合。

2022 年 7 月 16 日,「萬人創」以飲食業作為第一個目標,於中環蘭桂坊榮華里成立項目中首間 Pizza 店,以藝術文化帶動餐飲品牌,並在「蘭桂坊之父」盛智文、意大利駐香港總領事 Clemente Contestabile、意大利文化協會和靈美創意培育基金等多個公益機構支持下,透過線上科技聯動線下的 3D 立體壁畫,打造一個多元文化藝術空間「Art Hub Culture」。

啟動儀式當天，盛智文和 Clemente Contestabile 配合我，即場製作四個藝術薄餅，包括「蒙娜麗莎」、「八爪魚」、「中意友誼」和代表香港的「奇花」，並隨即轉化成為首創的「NFT Art Pizza」系列，贈予今次啟動禮的贊助者；而 Art Hub 的大小 3D 立體壁畫，亦上傳至元宇宙，讓市民在虛擬藝術博覽館觀賞。

2023 年，我為「萬人創」飲食企業打造一套全新品牌「Art Kitchen」。接著，Art Kitchen 與香港基督教青年會（YMCA）合作，啟動多功能的藝術飲食共享空間，包括 Art Café、Art Lounge、Art Gallery、青年創業孵化基地、元宇宙市集線下基地和創意藝術技能教室等，並將「社群美育」的概念融入衣食住行。「萬人創」為青創家提供培訓、諮詢、服務及資源對接，與 YMCA 共創社會美育基地，協助年輕人創新創業。

⊙　家庭美育「NOVO LAND」

當今藝術教育及兒童心理學都認為，藝術有助培養健全的人格，
並促進心智的成長，聯合國教科文組織也提出孩童的成長需要
創造力及美感的培育。我一直思考，怎樣才能將美育有效地推
廣至本港家庭？2021 年，與我共事「挪亞方舟博覽館」多年
的新鴻基項目總監伍則堅先生突然來電，說他正在為新鴻基打
造一個以北歐式幸福及健康生活為主題的藝術屋苑，希望我能
助他一臂之力。這正是一扇為「家庭美育」開啟的大門！我提
出以瑞典斯德哥爾摩地鐵站藝術畫廊為啟發概念，建構「NOVO
Resorts」藝術長廊及會所，展出壁畫、雕塑、繪畫及裝置藝術
等作品，打造共享藝術社區，將藝術融入生活，從藝術導賞到
美育，讓住客沉浸於藝術氛圍的生活，沐浴心靈居所。於是，
我應邀擔任「NOVO LAND」的藝術總監及策展人。

攝影：陳錦賢先生

新鴻基把握黃金機遇，領軍建設香港首個藝術私人住宅，對香港有兩個重要意義：

第一，國家為提升國民素質，全面推動美育，包括創意、美感及健全的美善人格，總體目標希望在 2020 年，把學校美育和社會家庭美育相互聯繫。新鴻基以心建立家園，本著「歡樂和諧」、「全人健康」、「綠色生活」、「愛在家庭」的四大優質生活領域，建設藝術導賞美育基地。

第二，國家在「十四五」規劃中定義香港成為「文化藝術之都」。換言之，香港是大灣區最適合孕育藝術家的搖籃，而藝術家需要支持及展示平台。

本項目邀請 50 位香港最具代表性的藝術家，當中更有殿堂級別的資深藝術家作為楷模及傳承，合共收藏了 101 件的藝術作品，涵蓋八種不同類別的藝術媒介，目的是要讓居民能全方位接觸藝術。當中，青年社群美育家王丹媚除了展示個人藝術作品外，亦透過作品設計一套 14 個美感元素培育，讓孩子們從小薰陶於大自然與美學之中，培養美感、想像力、創造力和建立好品格。

⊙ 「數字藝術」建立「藝術社群」

自從 1992 年，我發表首個數字藝術作品 *Came From Documenta 9* 後，持續性運用數字藝術的元素於作品中，包括《中國人的苦難》、《孫中山》、*Who*、*Creative Catwalk* 以及多幅 5D 立體地畫作品。我密切關注數字藝術的發展動向，並與其生態圈有著緊密的聯繫。

隨著科技急速發展以及藝術商品化的大趨勢，數字藝術的定義不斷被更新。今日我關注的不是技術、定義或表達形式，而是數字藝術發展對社會文化的影響力。數字藝術（包括傳統媒介的藝術）已不再重視審美價值或創意價值。

另一方面，互聯網與電子商貿的興起，令越來越多人將自己的「得意」之作上傳到社交平台「圈粉」，製造粉絲經濟。而專業藝術家反而不懂善用數字媒體平台去展開作品。

Creative Catwalk | 2011 | Digital Image

貢獻香港回歸
廿五週年

2022

2022 年是香港回歸祖國 25 週年，這些年來，特區政府致力在
「一國兩制」方針下維持香港的繁榮穩定，期間雖然歷經種種挑
戰，但是憑藉堅毅不屈的獅子山精神，香港總能化危為機，遇
強越強。我感到很自豪，能為這片生於斯、長於斯的土地貢獻
畢生的才幹，以回饋社會，激勵香港年輕人自強不息，成為香
港棟樑。這一年我受政府和機構的邀請，以社群藝術形式帶動
市民參與慶回歸活動，期望透過回顧歷史和共同美化香港，推
動共融文化及凝聚民心。

⊙ 尖沙咀緬甸臺社群壁畫慶回歸

1907 年，香港天文台將水警總部的報時裝置「時間球」，搬至
鄰近的山丘「大包米」，並建成訊號塔，於 1908 年 1 月 8 日
開始投入服務，至 1933 年 6 月 30 日終止。緬甸臺（Minden
Row）背靠現今的訊號山花園，其名雖叫「緬甸」，卻跟緬甸
這國家絕無關係，中文街名只取音譯，原名實指德國的棉
登市。

適逢香港回歸 25 週年，民間組織「凝聚民心」和油尖旺民政事
務署合作，在緬甸臺背靠訊號山花園的斜坡牆壁，以巨型社群
壁畫繪出特色的歷史文化故事。我構思了一個人物、時間、空
間交錯的概念，去記錄緬甸臺的歷史。例如壁畫當中，出現兩
幅代表不同年代的人「打卡」維多利亞港風貌的黑白照片；還
有當時的遠洋輪船進入香港，就要在這裏等候時間球落下，代
表那時正好下午 1 點，以便調校時差。最後，這幅壁畫的創作
時間橫跨了香港回歸 25 週年及中國國慶 73 週年，歷時共三個
月完成。

5 月 28 日，由區議員、分區委員、法團委員、海員俱樂部委員、
南亞裔人士及油尖旺的代表、街坊會成員和中小學生共 60 人，
齊聚尖沙咀街坊會禮堂，一起參與「社區壁畫慶回歸」工作坊。
透過工作坊，不僅讓每一個成員表達對社區的感受和想法，拉
近了與不同種族和階層間的心理距離，維持這種獨特的相互依
賴感，認同他人，就會感到自己歸屬於這個社區，並適合生活
於其中。共同參與彩繪，能有效感到自己可以影響社區發生的
事情，同時與其他參與者融合在一起，分享價值觀，並產生情
感聯結，社區心理學家稱之為「心理社區感」。

來自麗澤中學的顧同學說，見到這幅畫有很多她們提出的創作
元素，讓她感受到自己有份參與貢獻社區，加深了對社區的歸
屬感和愛國愛港的情感。王同學則說，比較昔日與現在繁榮的
香港，讓她以生活在香港感到安心和自豪。故此，一個有美學

和社區心理學理論支持的社群形式的壁畫活動，不僅能帶領民眾共同實踐城市美學的理念，促進多元文化共融，激活老化的緬甸臺，更重要的是透過歷史文化故事，重塑緬甸臺獨有的性格特色，活出香港人的文化自信。

除了創作過程要集思廣益，策劃一個巨型的工程時，亦需要跨部門同心合作。我十分感謝「凝聚民心」主席鄧銘心，在新冠疫情的不穩定因素下，仍盡心盡力協調與工程部門的合作，順利打造油尖旺區首個把斜坡工程化為壁畫的社群藝術作品。

⊙　錦田吉慶圍「鄉情畫意」

為了慶祝香港回歸 25 週年，新界鄉議局的「鄉情畫意」彩繪計劃邀請我透過壁畫，講述一個感人的歷史故事，讓市民不止參與慶祝回歸活動，同時紀念當時新界鄉民英勇保衛家園的事蹟。於是，我們選用吉慶圍著名的「鐵門事件」為主題，透過社群的形式與鄉村父老們一起，將這段血淚史傳播給香港的年輕人。

此次活動在錦田鄉舉行，組織義工和鄉民共約一百名，一起參與設計及壁畫繪畫，展示吉慶圍的歷史文化故事，弘揚新界人民敢於鬥爭的精神，增強中華民族自信和自強，亦吸引不少市民前來打卡。

吉慶圍壁畫的創作意念，分成正面和後面。正面壁畫首先將代表喜慶的花牌置於中央，而花牌中間及兩側則彩繪了錦田的三個著名景點，包括吉慶圍、祠堂及鏡湖，讓遊客一覽錦田的美景及文化。花牌寫上「祝國家繁榮、願香港興盛」，代表村民此刻的心聲。

後面壁畫則描繪吉慶圍著名的「鐵門事件」事跡。1898 年，英國強迫清廷簽訂《展拓香港界址專條》，後於 1899 年 4 月接管新界。錦田居民不甘做英國的屬民，以吉慶圍為據點，火槍、鋤頭及木棍為武器，與接管新界的英軍展開血戰，是為「新界六日戰」。村民關閉連環鐵閘，以青磚築成六米高的圍牆和護河抵抗，英軍屢攻不下，最後以大炮將圍村入口的巨型鐵閘炸塌，終於佔領吉慶圍，拘捕反抗的居民。這次事件中，新界居民死傷約 500 人，英軍把吉慶圍及泰康圍的兩處鐵閘門當場拆除，並被港督卜力作為戰利品，運回其在英國的私人後花園作炫耀之用。

吉慶圍居民對失去祖傳鐵門耿耿於懷，屢屢要求索還不果。直
至 1924 年，鄧氏族人鄧伯裘重提舊事，向香港總督司徒拔（Sir
Reginald Edward Stubbs）請求歸還吉慶圍鐵門。1925 年，香
港正經歷反帝反殖的省港大罷工浪潮，為了緩和與香港華人的
緊張關係，安撫新界鄉民，殖民地政府改用懷柔政策，在愛爾
蘭尋獲鐵門，並將其運送至香港，於 5 月 26 日由司徒拔親自舉
行交還鐵門儀式。

我們透過超現實主義的壁畫，將當時英軍歸還鐵閘，村民舞龍舞獅迎接的一刻呈現出來。今天在吉慶圍入口處，還有一塊碑誌紀念此鐵門事件。吉慶圍的神廳、圍門、炮樓及圍牆於 2010 年被評為一級歷史建築。錦田的歷史及文化遺跡資源豐富，希望透過此社群壁畫激起人們的熱情和好奇心，主動了解本港歷史文化的精彩故事。

⊙ 啟德「獅子山下」社群裝置藝術

距離香港回歸 25 週年還有一個月，負責啟德方艙醫院興建工程的中國建築二判「旭日建築」於 5 月 29 日與我會談，商討能否為方艙醫院創作一個以籠石堆砌而成的大型裝置藝術《獅子山下》，作為標記香港人自強不息、艱苦打拼的文化符號。他補充道，這也表示中央在香港抗擊第五波疫情最緊要的關頭，援建香港方艙醫院，全力保護香港人生命安全和身體健康，幫助香港盡快渡過難關的精神。因此，他期望在慶回歸期間把作品展示給全國同胞，包括在港打拼的內地同胞和香港人，一起觀賞和打卡，以凝聚民心，同心同氣在這片土地上繼續奮鬥，表達對祖國未來的一份信心和愛港愛國的情懷。這是一份獻給祖國的禮物。

我聽後十分感動，決定共同燃亮這份熱情。我們透過 300 件籠石，組合成為獅子山的外觀輪廓，再以 3D 立體壁畫手法將獅子山的立體形態描繪出來，當觀者站在指定的視點，便會看到一個別出心裁的獅子山裝置藝術，讓你不自覺地哼起「既是同舟，在獅子山下且共濟，拋棄區分求共對，放開彼此心中矛盾，理想一起去追」這首朗朗上口的經典名曲。

⊙　佛山「同一屋簷下　佛港一家親」

近年來，我與王丹媚不遺餘力，在大灣區各城市推動城市美化項目。當然，慶祝回歸 25 週年的藝術作品亦不止在香港，更得佛山政協及僑領蘇祖耀博士的邀請，在佛山市禪城祖廟嶺南天地的禪港澳交流基地，舉行「同一屋簷下　佛港一家親」慶典活動。

這一場港佛青年促進文化交流、建立美學關係的社群藝術活動，在禪城區台港澳事務局的指導下，由佛山市禪城區港人交流會主辦，佛山藝臻科技有限公司承辦，禪城區青年企業家聯合會、

禪城區留學精英促進會協辦。參與活動的港人在大灣區城市創業就業，香港回歸祖國 25 年，也是他們個人成長、發展的重要時期，未來也將堅定在大灣區發展。

活動在禪港澳交流基地舉行，王丹媚設計了 45 個北美黑胡桃木，以插片榫方法製作極簡主義造型的小屋簷，每個小屋簷代表一個家的符號。它由兩面組成，分別用激光雕刻佛山非遺圖案和香港文化符號。

港佛青年企業家收到小屋簷後，互相交流對兩地文化的賞識。然後請他們在小屋簷的內側寫上表達對香港回歸祖國的祝福、在佛山生活的感受，以及身為港人有什麼能貢獻佛山的優勢等。創作完成後，45 個小屋簷重新匯集到主舞台，在王丹媚的指導下，他們親手將手中的小屋簷，共同搭建成一個大屋簷。 大屋簷代表中國，寓意在同一屋簷下，佛港一家親。

作品強調「社群參與性」，以共同創作縮小藝術家與港佛參與者的距離。這件互動裝置藝術作品的意義，在於突顯佛港文化的創意和交流，而創意和交流的基礎就是藝術。大眾參與的藝術，有建立和諧關係、凝聚民心、促進文化交流等功能。最後，全場嘉賓共同揮舞國旗與香港特區區旗，高唱慶祝香港回歸 25 週年的紀念歌曲《前》，為活動畫上圓滿句號。（此活動被《文匯報》記錄於大灣區慶港回歸的專題報導。）

美育的傳承與永續

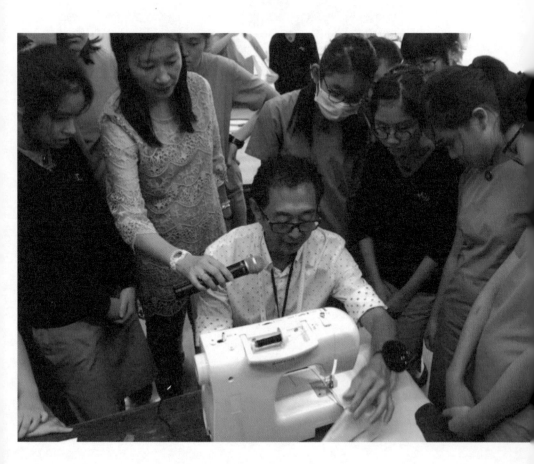

2013 年成立的「靈美創意培育基金」，是我最重要的人生使命。
「社群藝術實踐美育，以美育人，以藝術建立品格」，這個社群
美育理念，我日夜未忘，成為我餘生的精神支柱。我明白我也
是社群的一分子，希望把我畢生所學回饋給社會，但人生有限，
未來始終屬於下一代，該如何傳承，如何永續？

⊙ 美育 5Q 及 5C

2022 年，聯合國教科文組織提出，將本土文化元素融入視覺藝
術課程，培養創造性和主動性，豐富想像力，提升情緒商數和
道德方向感。而藝術教育能有效提升明辨性思維能力，建立自
主意識、獨立思考，促進認知能力的發展。

我非常認同聯合國教科文組織提出的觀點，經過深思熟慮後，
歸納成五個與智慧特質相連的關鍵詞（5Q）和五種好品格
（5C），作為「靈美創意培育基金」實踐社群美育的使命宣言。
與我信念和美育觀一致的搭檔王丹媚，過去十年同心協力，默
默深耕，讓我提出的美育 5Q 和 5C 植根於學界，期望十年樹木，
福蔭後世。

· 5Q

IQ（Intelligence Quotient，智商）
EQ（Emotional Quotient，情商）
AQ（Adversity Quotient，逆商）
MQ（Moral Quotient，德商）
SQ（Spirituality Quotient，心靈智商）

· **5C**

Critical Thinking（懂思考）

Character（好品格）

Creativity（創意）

Communication（善溝通）

Collaboration（會合作）

⊙　校園美育系列「夥伴學校計劃」

「靈美創意」藉著「夥伴學校計劃」，全方位實踐校園美育、家庭美育和社會美育。具體的實踐方案包括：

（一）塑造創意藝術校園：校園壁畫、雕塑和藝術裝置等；

（二）優化學習空間：透過班徽、壁報板和閱讀角等設計來美化課室；

（三）教師專業發展：定期到校舉辦教師工作坊；

（四）「靈美創意」到校課程：「藝術全接觸」多元藝術課程；

（五）跨學科專題：將藝術教育融合到其他學科學習；

（六）設計創意產品：教導學生從構思、設計、生產到營銷；

（七）繪本與閱讀：透過繪本創作和導入閱讀活動；

（八）藝術義工與領袖訓練：培訓學生透過藝術服務社區。

透過美育建立學生的健全人格——智慧、情感和美感，使身心靈達到一種和諧的狀態，並透過啟發性及多樣化的創作活動培養學生的創造能力；以視覺美、聲音美、行為美的氛圍，培養學生的審美和美術鑑賞能力等，陶冶人的性情，淨化人的心靈。從培育心靈美、行為美、人格美、關係美和道德美，培養出有愛、有理想、有責任心和使命感的領袖。

·《林護八福　創意培育》

2017 年，聖公會林護紀念中學陳加恩校長邀請我為他們設計一系列的美育課程。當我來到這間提供全人教育，培養學生靈德智體群美六育均衡發展的英文資助學校參觀時，即感到一種濃厚的學術氣氛撲面而來。競爭力的強大，使該校的學術成績在葵青區排名第一，畢業生曾獲牛津劍橋等名校錄取。

校長分享道：「由於學術競爭的激烈，學生時常面對各方面的壓力，他們都是國家未來的棟樑，努力朝著最崇高的目標直跑。曾有一位學生焦慮地問牧師：『如果香港大學未能錄取我的第一志願，我的人生是不是沒有了希望？』他們只想贏，怕失敗的心理狀態是壓力的來源。」牧師對我說：「培養這群領袖，先要調整他們的觀念和價值觀。」他希望能透過集體藝術創作，潔淨學生的心靈，去除焦慮。

於是，我建議陳校長給學生們一個極大的挑戰，選了一個高難度的創作環境——校內一個佈滿冷氣槽和洗手盆的不起眼角落。首先，我選擇在學校早會時舉辦壁畫創作坊，600 多名學生精神奕奕地聽我介紹壁畫文化，從數千年前法國南部的洞穴壁畫，講到今日準備創作壁畫那不起眼的角落。我看到學生面有難色，便開始挑戰他們說：「林護是一間 Band One 名校，你們都是身經百戰、能面對逆境的學生，只要大家發揮創意，什麼惡劣環境都可以迎難而上，化腐朽為神奇。」我鼓勵他們將冷氣機槽和洗手盆融入作品之中成為一個整體，然後我給他們十分鐘，讓他們將創意透過速寫記錄下來。當天我們收到幾百張速寫草稿，然後交由創意總監王丹媚篩選創意點子，重組構思設計，成為一幅新穎又富真理的畫稿，最後這幅創意無限的《林護八福》就面世了。

· 《爾乃世之光》以校訓美化校園

九龍真光中學創立於 1872 年，是所擁有百年歷史的女子學校。讓我印象最深刻的是校內色彩斑斕的哥德式玻璃窗畫，當光線照射進來，校舍就被渲染得五彩繽紛，彷彿是一種光的洗禮。這所學校肩負起華人女子教育的使命，以真光照亮人心，把真愛傳遍中華。

2017 年，我決定以哥德式玻璃窗畫風格來延續學校的特色，創作位置是進入校門的樓梯，讓學生一踏進校門就點燃愛心，堅定不移地持守真理，努力不懈追求學問，以集體藝術創作勉勵學生活出「爾乃世之光」的生命意義。整幅樓梯畫的設計、彩繪及導賞，學生都非常積極參與。

· 《方舟動物　和諧相處》

九龍真光中學小學部位於九龍塘高尚住宅區，正門面對通往新
界沙田的主幹線窩打老道，每天車輛絡繹不絕。

2017 年，李伊瑩校長與我們分享孩子們學習壓力的問題，他們
要在課餘時間學習多種技能，感覺失去了一種寶貴的童真，無
法真正的享受到學習的快樂。當時，認真聆聽的王丹媚深有感
觸，她覺得孩子的童年是世上一道純淨光芒，應該天真活潑。
而我的童年，最快樂的時光是在新界大自然裏的自由探索。王
丹媚說：「孩子們親近大自然是一種天性，我觀察到去動物園或
海洋公園玩的孩子們都盡情釋放出童真，帶著好奇而敬畏的心
去親近這個世界，我們建議把學校的外牆畫成一艘挪亞方舟，
方舟上載著和諧相處的各種動物，還有在海上快樂跳躍歡迎的
海豚，美化出一個平靜快樂的學習環境。」另外，附近塞車的

司機也可在雜亂的環境中平靜
下來，觀賞壁畫，我們更建議這
個活動邀請家長一同參加。這個
創意獲得了校長、家長、孩子和
老師們點讚。我們組織的親子工
作坊，家長超額報名參加，親子
樂也融融，彩繪在收筆禮圓滿愉
快地結束。

・《盡展所長　激發潛能》

2015 年，東華三院吳祥川紀念中學的拉丁舞隊贏得「黑池英國
公開標準舞隊際錦標賽」亞軍，為肯定學生的卓越成就和潛能，
我們帶領學生在大門入口創作 3D 樓梯畫，作品焦點是兩位翩翩
起舞的拉丁舞得獎學員，他們在優美的湖光山色襯托下格外奪
目，盡處是夜幕下的青馬大橋，兩名同學埋首進行科學探索，
象徵該校立足青衣，放眼世界，朝著人文和科技方面發展，致
力提供全人教育，激發學生多元潛能。

・《我眼中的世界》

中華基督教會基順學校是一間服務輕度智障兒童的特殊學校，
特殊教育就是愛的教育，杜升如博士曾指出：「一個適合殘疾兒
童生活的社會，也是一個適合人生活的社會；尊重殘疾兒童，
可幫助他們培養自尊，同時也幫助我們自己建立自尊。」當年

教育局贊助該校 70 部 iPad，校方問我們可否為學生設計運用 iPad 的課程。我觀察到這些特殊兒童擁有與眾不同的看世界的視角，於是設計了一個「數位繪本創作工作坊」，透過 iPad 啟發學生以獨特的視角拍攝照片和影片，創作個人的生命故事，同時運用編程編排不同的故事情節。最後，我們還將其中 50 部 iPad 以裝置藝術的形式，展示每個學生的多媒體創作作品。

·《掌上明珠》跨學科專題

「旗袍」這種服飾是男女平等的象徵，代表婦女拒絕接受無足輕重的地位。開高衩是對封建傳統意識的挑戰，融入西方裁剪和現代審美，體現東方女性美，短袖，開高衩，緊收腰。旗袍因其代表新時代知識女性的形象而大受歡迎，中國第一代電影紅星胡蝶（我的大舅父蔡甦曾為她寫劇本）的旗袍形象，是國貨陰丹士林布的代言。1929 年民國政府頒佈法令，定旗袍為國家禮服。

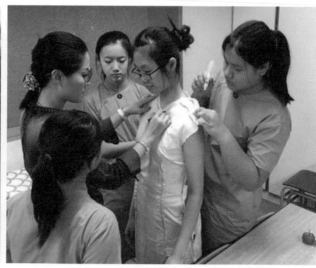

旗袍校服在香港歷史悠久，是眾多傳統名學的校服，包括聖保羅男女中學、英華女校、聖士提反女子中學、培道女子中學、真光中學和協恩中學等，展現了女學生溫婉秀麗的氣質。其中，英華女校學生身穿長衫，溫文樸實的形象深入人心，歷經近一世紀，風采依然；九龍真光中學是香港首間棄用白色，突破性選用藍色旗袍的中學，那是 3000 號的較開朗的天藍色，於 30 年代的時尚程度猶如現在穿 Prada。由 1936 年至今，旗袍已成為真光的一部分，學校曾進行問卷調查，學生家長大部分都要求保留旗袍校服。旗袍校服引證中國傳統美德，要求女性「喜禁大笑，行禁闊步」。

我的母親以縫紉旗袍的手藝養大三個孩子，我感受到母親對我們滿滿的愛和養育之恩，從小對旗袍就情有獨鍾。在母親 90 歲時，我還拍攝她縫紉旗袍盤扣的影片，以懷念童年的時光。

2016 年，我為真光設計了一套跨學科專題學習的旗袍課程，包括藝術設計科、家政科及其他科，共 60 多人參與。後來，中西區民政專員黃何詠詩得知我在真光開辦旗袍課程，就邀請我帶同學生參與「第 12 屆中西區區節」。我答應了幫她籌劃一個「掌上明珠‧旗袍薈」巾幗活力旗袍展，並將課程延伸到英華女校。同時，邀請小童群益會賽馬會上環青少年服務中心及真光小學，透過「親子彩繪旗袍工作坊」，協助女兒與母親共同彩繪旗袍，加強溝通，建立幸福的家庭。

我和王丹媚以五個生命故事，聯名設計了一個系列，包括主題《掌上明珠》、《蛻變》、《真光》、《彩虹》和立體剪裁的《玫瑰與綠葉》親子套裝旗袍。「掌上明珠‧旗袍薈」巾幗活力旗袍展於 2016 年 11 月在上環西港城大舞台舉行，演繹自信、美態和創意，是難忘的天橋舞台經歷和回憶。

⊙ 社會美育系列

·「愛鄰舍」關愛社區

中華傳道會許大同小學的教育特色是推行正向教育,啟發潛能,
為社會培育創新領袖,培養學生終身學習的能力和素質。

2016 年 9 月開始,學校增設「啟能時段」:上午以靈德、語文
和 STEM 數理科技為主;下午則全面推動藝術和體育活動。校
長邀請我為他們設計一幅壁畫,和可以銜接社區的美育課程。
首先,王丹媚設計了一幅《愛鄰舍·擁抱愛》的社群親子壁畫,
鼓勵家長寫信給他們的孩子,表達愛和關懷,同時孩子們也給
父母回信,表達感恩之心;然後透過親子工作坊,裱貼在學校
的外牆上,場面溫馨感人。被愛接納的孩子擁有「愛的能力」,
他們更願意走進社區,關愛有需要的人;先學懂接受愛,才懂
得愛自己和愛鄰舍。

接著，我們構思「愛鄰舍」的繪本創作課程。葵涌區是一個老
化社區，住著很多長者及獨居老人，我們為五年級學生舉辦專
題研習會，將他們分成四人一組，再與耆康會合作，分組探訪
區內獨居長者及社區中心，與長者傾談，記錄他們口述歷史的
生命故事，表達對長者們的關愛。回到學校，我開始教他們繪
本設計及創作。最後，我們將這些感人的繪本故事一本本的送
到長者手中，有些長者感動得即時落淚。

·「風雨同路人」領袖訓練

2016 年 10 月，我們為沙田培英中學舉辦義工與領袖訓練。到
了 12 月 3 日，我們帶領經過訓練的義工，參與沙田健康城市及
國際復康日的美育活動「風雨同路人」。下午 2 時，沙田彭福公
園草香撲鼻，我們安排了四部彩繪鋼琴放在公園中央，我特意
邀請四位香港著名的鋼琴家好友：羅乃辛、康子妮、鄭慧和梁
懿嘉，在風和日麗的公園中奏起悠揚的鋼琴，琴音陪伴著義工

及坐在輪椅上的長者及康復者進場,在為期兩小時的整個活動中,我看見義工學生跪在柔軟的草被上,與長者或康復者在一把雨傘上共同彩繪創作,這是一幅多麼美的圖畫。完成彩繪雨傘後,大會安排全體組合成為一個大型社群藝術裝置,寓意沙田居民風雨同路。這就是美景!這就是美育!

・「共創夢想家園」從校園到社區

2016 年,由余嘉蓮校長發起的大埔區中學校長會聯同「靈美創意培育基金」,於大埔區舉辦聯校社群藝術與藝術教育活動「共創夢想家園」(My Dream House Our Dream Community)。活動由我介紹建築與地理環境及歷史的關係,教導學生做事要按部就班及打好根基;同時學習人與空間、建築、環境的關係,讓學生更關心自己的社區。一整天的活動分為兩部分:上午是個人創作,學生利用廢物作為創作材料,設計各自的夢想屋;下午是集體創作,大埔共有七個社區,學生會分到不同的社區

中，每一個社區由一組學生負責，用模型設計社區內的公共設施，例如大專院校、公共醫療服務、圖書館、體育館、公園和郊遊徑等，學習平均分配公共設施及資源，培養公民意識。活動鼓勵學生發揮創意，設計心目中的「夢想屋」，共創夢想家園。最後，我們用模型車駛入學生鋪的「大埔公路」和橋，看是否能順利進入政府中心，有神秘嘉賓等著迎接它。之後，我們評選最有美感和創意的屋，勉勵學生後天努力，能改變一個人的命運。之後，我們在沙田區同樣舉辦聯校「共創夢想家園」活動，希望這份夢想能為學生以創意撒下建設未來的勇氣，信心和希望。

⊙　家庭美育系列

·滙豐社區節暨繪本伴讀推廣計劃

本港兒童缺乏閱讀及學習興趣，亦缺少與父母的優質親子時間。2016 年 11 月 27 日，我們策劃了「讓繪本登場」滙豐社區節暨繪本伴讀推廣計劃，現場舉辦親子繪本創作工作坊，並由王丹媚創作藝術裝置《以繪本童行》，造型為孩子在父母親懷抱中閱讀。裝置可與群眾互動，讓觀賞者即時翻閱現場製作的親子繪本，以具體傳遞親子伴讀的訊息及樂趣，推動本港家長陪伴兒童閱讀繪本的風氣，提升兒童的自主學習動機及閱讀興趣；提升家長的伴讀技巧，促進親子關係，並透過社群模式將伴讀文化渲染社區。

·「家庭第一，給你一個五星級的家」

我們與佛山碧桂園在 2018 年的父親節合辦「家庭第一，給你一個五星級的家」，以爸爸在孩子心目中的形象，創作 3D 立體繪本，目的是讓爸爸透過藝術明白孩子心聲，更深入反思自己在家庭的行為帶來的影響，從而努力學習成為一位愛家庭的好爸爸。我們印象最深刻的是，有一個孩子分享說：「我們很喜歡吃海鮮打邊爐，我將爸爸比喻成『蟹』，諧音『謝謝』。希望爸爸可以回家與我們一起吃海鮮，我會很感謝他的。」他以洞洞書製作這本繪本，取圓形鏤空的造型，命名《團圓》。當天，活動工作人員特地邀請他的爸爸來到現場，陪伴他一起創作，他真的很開心，感到一家團圓吃海鮮的願望可以實現了。

2018 年 5 月 26 日，我們受邀參與由內地「居然之家」和「成都家庭優先公益」主辦的「爸爸來坐會兒」特別活動，旨在引導與建造兒童品格、突顯爸爸的角色以及塑造家庭價值。活動上，我們指導 20 個家庭，讓家長和孩子們一齊製作一本「專屬」的親子 3D 繪本，達成「動手做、愛閱讀、講故事」的目標。這是爸爸媽媽在「六一兒童節」送給孩子們最珍貴的禮物，從畫故事到講故事，盛載幸福點點滴滴。

・透過藝術的美育

英國美學家、教育家里德（Herbert Read）在 1940 年出版的《透過藝術的教育》中提出，幼兒藝術教育的目的並非要培養大量專業藝術家，而是達到健全的人格，並促進心智的成長，包括智力、情緒、知覺、情感、身體、審美、社會性、創造性等，是全人的培育。他的理論影響了整個西方幼兒教育的發展。

我認為推動美育需要從幼兒藝術教育做起，在這十多年來我以「透過藝術的美育」為主題，在香港的幾十所幼兒園及小學主持講座、教師發展日及導師專業培訓等。

2016 至 2017 年，由山西省教育局和北京宋慶齡基金會主辦「成功之道」教育領導力及專業發展培訓，邀請我定期到山西博愛學校，培訓 170 名來自不同幼兒園、小學和中學的校長與領導。

2020 年，國家全面推動美育，清華大學偉新教育基金希望山區的孩子都能夠接受美育訓練，於該年 12 月 15 日邀請我到北京，為鄉村美術教師作美育專業培訓。我特別關注美術教師在幼兒藝術教育的基本理念、目的和方法，因為有很多專業的畫家沒有經過幼兒藝術教育的訓練，強迫孩子用大人的方法作畫，這樣反倒會窒礙孩子美感及創意的發展。

至此，關於我的社群美育人生的故事，先在 2023 年初暫告一段落。

我預感上天將會安排更多精彩的挑戰，留待我日後和志同道合的群眾一起，締造反映時代和社會，牽動公共情感的藝術創作。尤其在網絡無遠弗屆的今天，我們不再孤獨，社群藝術可以不再局限在某時某地，也許更容易串聯至地球的每一個角落。隨著科技民用化，人工智能繪圖技術可以協助沒有受過足夠藝術訓練的人完成他們的創作，從而讓創作者積累更多的創作經驗和對美的審視，以作品影響他人，傳達意識至整個社群。

此外，我的創作生涯只是滄海一粟。我樂見世界各地的藝術創作者——即使他們屬於不同的派別、不同的信仰、不同的風格——逐漸因為社會環境的變化而聚在一堂，有如百川匯流，貢獻出強大的力量，為下一代奠定更好的藝術氛圍，讓美學和美育得以延續。

上天能讓我活在這個能締造和諧美的時代，吾心足矣。

如果我再過一次童年

我相信每一位被帶到人世間的嬰兒，都被賦予獨特的天份、個性和人生使命，你我的存在絕非偶然。每一個嬰兒就像一張空白的畫布，不論家境貧富，這張畫布最終的命運是被描繪成一幅舉世知名，令人讚嘆的畫作，還是錯綜雜亂，混沌漆黑，都是靠著後天的努力，一筆一畫描繪自己的人生。因此，「不要讓孩子輸在起跑線上」，我相信這是一個謊言。每一個孩子都擁有 14 億個腦細胞，問題是如何讓這些腦細胞產生更深入的連結。

我的童年搬了 15 次家，轉了 12 間學校，又受黑社會英雄主義影片的影響誤入歧途，主要的原因在於缺乏獨立思考、批判和辨別是非的能力，以及正確的價值觀和世界觀。不過，值得感恩的是，我與生俱來正向樂觀的性格和愛動手做的興趣，卻成為遊戲式學習的典範，在創意和美感培育上更有益處。我時常思索，我是否該去埋怨我的父母親離異，導致我的童年顛沛流離？還是以正向的態度思考，既然這一切被容許發生在我的生命中，必有其美意？例如：童年落難的經歷讓我較容易走出自己的舒適安全區，反而較樂意接受新挑戰。由於避開了填鴨式的應試教育，反而驅使我對知識如飢似渴，愛閱讀，且過目不忘，勇於探索和反覆實踐所吸收的知識，裝備成為自身的能力。

回望我這 70 年的歲月，每一個階段、每一個年月都有它的角色、責任與成果。我錯過了正規學習的階段，但因為專注自學，追

回了在那些成長年月的學習任務，繼而發展出美好的事業。因為專注事業而忽略了人情世故，事業的成就也沖昏了頭腦，幸好察覺及時，轉以家庭優先，帶同孩子移民加拿大，在那個年月實踐作為一個好爸爸。當發現太太患上重病，我及時放下工作，把握機會陪伴至終，讓我履行作為好丈夫的責任，不會遺憾一生。如今我可以將累積 70 年的人生經驗貢獻社會，回報國家，推動美育是我此刻的責任。

假若讓我在現今再過一次童年，因為社會資源富足，我應該可以擁有一個安穩的成長環境，接受較好的正規教育，循序漸進。我相信我也會再次迷上「動手做，愛閱讀，講故事」這好習慣，亦會向父母極力爭取學習我最喜歡的繪畫，不斷參加校內校外的繪畫比賽。同時，我可以在網上看到數之不盡的藝術資料，不用跑去外國的博物館便可以欣賞名畫，對這數百年來的藝術家們有更深的認識。不論是一張白紙、一部平板電腦，我也可以在它們上面天馬行空，用不同的顏色和畫風繪出藏在我內心的說話。我更希望可以與欣賞者對話，在藝術創作的過程中保持著不斷反覆思考的良好習慣，發揮更佳的創意。

由於通訊科技普及，容易一呼百應，我也希望在社交媒體上廣結同好，努力凝聚，建立一支透過不同的藝術教育來幫助社群（尤其弱勢社群）的義工隊，從關心身邊的家人、同學及朋友開始，進一步支援社區，然後擴展至整個社會。這個世界不斷推陳出新，作父母的也要不斷學習，當他們懂得把美育融入家庭，讓孩子從美的氛圍（美感、藝術、創意）之中成長，不單止孩子能培養出健全的人格，對一家人的生活都會帶來和諧而美好的發展。

長大後，我亦會努力學習做一個僕人領袖，策劃更多與時並進、共同協進的發展計劃，造就生活中的「社群藝術」。例如除了把社群藝術融入衣食住行，在人際交往這方面，也可以透過藝術作為平台，將群眾的構想和視野縱橫交錯，從而產生幾乎無限的可能，然後一個又一個實踐到社會上，福澤社群。最後，千萬不要忽略人工智能科技的發展，就像當年攝影機的發明，人工智能或許會對當代藝術產生新衝擊，而在這衝擊中人類必須學會操作這些工具，藝術家更不可以視而不見，這不止為自己，社會上每個人的「生命畫作」都可以更絢麗多彩。

後記　⊙　如果我再過一次童年

林旭輝與香港超級現實主義繪畫

藝術家　王純杰

攝影的誕生衝擊傳統繪畫。上世紀 60 年代末至 70 年代初，藝術家把攝影融入繪畫之中，發展出超級現實主義（又稱攝影現實主義）藝術。超級現實主義以工具的理性和鏡頭的客觀，重新審視工業社會、城市文明和人類自身，以大幅繪畫比攝影更細緻地表現現實。曾被現代主義藝術所顛覆的寫實繪畫，又以新的理念和技巧，回到了現代主義藝術領域，風行歐美。在這股藝術潮流中，湧現一批優秀華人畫家，如在紐約的夏陽、姚慶章，在法國的陳建中等等，他們的創作在華人藝術界有一定影響。

曾留學法國的香港藝術家黃祥，回港後在 70 年代中積極推廣超級現實主義藝術。他創作了一系列超級現實主義風格的重要作品；同時，在他的「L'atelier 341」畫室培養了一批年輕的超級現實主義畫家，並推動他們活躍在香港藝壇。林旭輝 70 年代就在黃祥工作室習畫，他早期的創作主題緊扣香港的日常生活。我曾與林氏一起參展香港藝術中心舉辦的「香港十年繪畫」和「城市變奏‧香港西方藝術媒介藝術家近展」，對他的作品印象很深，如《假日》和《我的早餐》，其特色是運用精準細膩的手法特寫生活景物。他繪畫香港街景，特別是作品《星期天休息》，畫面上的店面遮陽篷，由深綠和白色相間的重複性直線排

列，展示了超然的理性、冷峻的目光和美學特性。以後，他的創作主題提升到環保和人類的命運，如作品《樹與木》，他繪畫了一棵大樹，樹幹中間空缺了一截，並將這一截實物放置在畫幅之前。這件作品的藝術語言直接而強烈，深刻而富有寓意，同時又拓展了超級現實主義的表現手法。

林氏的作品除了參加本文上述的兩個回顧性的本地重要展覽，還在香港藝術中心 1984 年舉行的「寫實主義與攝影寫實主義展」展出，以及入選 1981、1983 年的當代香港藝術雙年展。他和黃祥等其他超級現實主義畫家一樣，都曾活躍在香港畫壇主流活動之中。可是，在近 30 年中，這個當年有相當影響的畫派在香港幾乎沒有人提起，沒有進行梳理、回顧和研究，年輕藝術工作者幾乎不知道它的存在。文化藝術發展的重要基礎是歷史積累、多元性和動態性，是香港藝術的特徵。選擇性的遺忘讓我們同代藝術家都感受到香港藝術發展史的破殘不堪。幸慰，在今年 5 月下旬舉辦的香港文博會《藝述香江》展覽中，能夠再逢林旭輝的超級現實主義大幅作品。藝術家們依靠自己策劃，自己話語，再現香港藝術畫史中曾經閃耀的色彩。

2023 年 5 月 17 日

林旭輝的大美深情
——以仁愛建造城市美學

哲學家　梁燕城博士

加拿大著名城市學家弗羅里達（Richard L. Florida），在 2002 年出版《創意階層的興起，及其如何轉化工作、閒暇與日常生活時間》[1]，指出城市在尋求經濟增長時，需培育創意階層（Creative Class），在大城市中聚合很多有創意的人。他說：「作為經濟增長之動力根源，創造性已取代了純物質或自然資源，在如今這創造性的年代，若要達至成功，地區必須發展，吸引及保留有才能及創意的人，產生各種革新、發展科技密集工業及經濟增長能力。」[2]他認為城市應改善地區，建立高素質的地域（quality of place），特別發展有關文化與娛樂事業的地域，不只是地產和大企業。

如今香港和大灣區，城市都在更新當中，極須要創意的群體。

於香港推行社群藝術多年的林旭輝[3]，曾發起「香港・美善之都」（Beautiful Hong Kong）運動，口號是「美學不單在於誘發美感，更重要是把和諧建立在個人心中」。目的是為了給全香港市民大眾注入更多正能量，聚集香港政府、藝術界、商界及不同地區人士攜手合作，是一社群藝術計劃，將壁畫、3D 階梯畫、地畫、彩繪鋼琴、水墨階梯等等帶進小區。這是在城市社區的美學創作，與社區的政府和人民合作，共同繪出城市的新美感，

使人對社區有親和感,也有認同感。林旭輝的理念,是美學落實在人民生活中,他接受訪問時說:「藝術,不是高高在上。」又說:「不是在拍賣行賣到幾千萬的畫,或者威尼斯雙年獎那些,才叫藝術,一般市民覺得與我無關,縱使建造了西九龍文化區,硬件不論多美,無人去同樣無用。」「縱使是大師畫的畫,複製成 print,貼在天橋拉近與公眾的距離,若可吸引到人,產生好奇甚至主動入藝術館觀賞,這就是它的價值。」4 正因他這落地的藝術,使美學與城市舊區美化相關。

林旭輝感到香港藝術無法落地,遂創作地畫藝術,在街道、廣場、階梯與社區中心的牆壁上畫畫,又組織學生參與共同,成為一種青少年美育的工作,備受好評,帶來社區美化之風,改進了香港城市的面貌。特別是一些老舊地區,本已老化和變得醜陋,經林旭輝之手,一時變得美觀而有生氣。網民互相轉貼,旅遊網形容是「城市秘景」,由此形成香港城市到處都有的藝術。

林旭輝批判西方當代藝術已成為一堆垃圾,把自然與人割裂為碎片,一些只重商品化,一些展示性愛色慾,一些展示空洞痛苦,一些展示對歷史文化的挪揄與否定。他說:「現在的藝術家已不再追求真善美。」5 他覺得「最大的苦難,莫過於現代家庭的支離破碎,最親密的家人互相傷害。」6 他的藝術要回到社群,回到人民大眾,回到城市的具體美化,重建和諧的家庭與社區。

因此,林旭輝要在中國這未被後現代西方藝術文化污染的淨土上,創造真善美的藝術,且在香港這城市的不同社區中,以社群藝術帶動群眾及青少年,以真善美來教育社群,共同美化城市。他創設社群藝術,特色是由一群藝術工作者帶領,使青少年可參與城市社區美化的過程,藉個人和集體藝術創作,讓學

生親手將內心的夢想家園呈現。透過小區環境的創設,學習理解不同群體的需要,以更廣闊的視角來思考如何建設共融小區。

40 年來,林旭輝在國內外舉行了數十次個展及聯展。近年,他不遺餘力地關注城市美學,通過他的靈美創意培育基金會,推動香港社群藝術,包括《城市生態 24 小時——油麻地果欄》壁畫、《鯉魚報平安》裝置作品,及 2014 年荃葵青區的《愛與恕》計劃。他的作品看似隨興又非常專業,時而天馬行空、時而極度寫實,畫作讓人驚喜而又震撼,訴說著有關他對信仰、國家、家庭等等的看法與情感。他不是由個人獨創藝術作品以點綴城市,卻以創意去美化城市,推動社群參與藝術計劃。他的「香港‧美善之都」計劃,是全港性的大型社群藝術活動,透過「牆壁」、「地面」、「階梯」及「空間」各方面,與市民共同創作,以藝術凝聚小區正能量,用藝術使香港成為一個美善之都。林旭輝以愛心去創作公眾世界的美,以美學教育人民,建立人內在的心靈素質。

林旭輝因為信仰,靈性經歷到一種宇宙性的仁愛滋潤,因仁愛心而產生極大情懷,愛真理、愛天地、愛國家、愛香港、愛人民。他在中國推動城市美學,在香港走遍各社區,關懷弱勢群體;他和梁美芬議員組成的團隊,愛護劏房兒童,請貧困孩子繪畫心中夢想的家,然後將之合併成一幅大畫,代表兒童的心聲,這活動在社會引起政府關注,終發展政策,改善房屋供應。

林旭輝有一種心靈境界,以天地大美之深情,上與造物者游,下與艱苦平民為友。

註　1　Richard L. Florida, *The Rise of the Creative Class. And How It's Transforming Work, Leisure and Everyday Life*, 2002. Basic Books.

2　"Competing on Creativity: Placing Ontario's Cities in North American Context", A report prepared for the Ontario Ministry of Enterprise, Opportunity and Innovation and the Institute for Competitiveness and Prosperity, by Meric S. Gertler, Richard Florida, Gary Gates Tara Vinodrai , November 2002. 本文沒有出版，報告在 Urban Institute 網站可查閱。http://www.urban.org/research/publication/competing-creativity

3　《北京規劃建設》，2016 年第 1 期，頁 134-136。

4　「收數蠱惑仔（黑社會人）變藝術家繪出貼地藝術」，《蘋果新聞》，2015 年 10 月 18 日，報導原文是廣東口語，本書將之改為書面語。

5　《文化中國》，加拿大：2001 年 3 月號，頁 24。

6　同上，頁 25。

林旭輝——社群美育人生

林旭輝　著

王丹媚　主筆

張志偉　監修

責任編輯　寧礎鋒

書籍設計　李嘉敏

出版　　　三聯書店（香港）有限公司

　　　　　香港北角英皇道四九九號北角工業大廈二十樓

　　　　　Joint Publishing (H.K.) Co., Ltd.

　　　　　20/F., North Point Industrial Building,

　　　　　499 King's Road, North Point, Hong Kong

香港發行　香港聯合書刊物流有限公司

　　　　　香港新界荃灣德士古道二二〇至二四八號十六樓

印刷　　　寶華數碼印刷有限公司

　　　　　香港柴灣吉勝街四十五號四樓 A 室

版次　　　二〇二三年七月香港第一版第一次印刷

規格　　　特十六開（150mm × 210mm）二四〇面

國際書號　ISBN 978-962-04-5286-4

三聯書店
http://jointpublishing.com

JPBooks.Plus
http://jpbooks.plus